BIPOLARE STÖRUNG:

Ein Buch, das Ihnen ein besseres Verständnis darüber vermittelt, was eine bipolare Störung ist, ihre Symptome, Behandlung, Ernährungswahl, Mythen und Fakten darüber und mehr!

Von
Cynthia E. Cortez.

Inhaltsverzeichnis

KAPITEL 1

<u>Verstehen, was eine bipolare Störung wirklich ist</u>

Was ist eine bipolare Störung?
Die bipolare Störung (früher bekannt als manisch-depressive Erkrankung oder manische Depression) ist eine lebenslange Stimmungsstörung und psychische Erkrankung, die mit dramatischen Schwankungen der Stimmung, des Energieniveaus, der Denkmuster und des Verhaltens einhergeht. Diese Veränderungen können Stunden, Tage, Wochen oder Monate andauern und Ihre Fähigkeit zur Erledigung der täglichen Arbeit beeinträchtigen.

Es gibt verschiedene Arten von bipolaren Erkrankungen, die mit schweren Stimmungsschwankungen einhergehen, die als hypomanische/manische und depressive

Episoden bezeichnet werden. Dennoch befinden sich Personen mit einer bipolaren Erkrankung nicht ständig in einem hypomanischen/manischen oder depressiven Zustand. Sie haben auch Phasen normaler Stimmung, die als Euthymie bezeichnet werden.

MANISCHE EPISODEN

Ein grundlegender Aspekt der Bipolar-I-Störung sind manische Episoden. Um die Kriterien für eine Bipolar-I-Störung zu erfüllen, müssen Sie in Ihrem Leben mindestens eine Woche lang mindestens eine manische Episode mit oder ohne jemals eine depressive Episode erlebt haben.

Manie ist ein Zustand, bei dem Sie eine Zeit übermäßig hoher oder gereizter Stimmung sowie dramatische Veränderungen in Emotionen, Gedanken, Energie, Gesprächsbereitschaft und Aktivitätsniveau erleben. Dieses hochenergetische Maß an körperlicher und geistiger Aktivität und

Verhalten ist eine Abweichung von Ihrem typischen Selbst und wird von anderen beobachtet.

Personen, die in manischen Stimmungen sind, können Verhaltensweisen an den Tag legen, die ihnen körperlichen, sozialen oder finanziellen Schaden zufügen, wie z. B. schnelles Ausgeben oder Spielen enormer Geldbeträge oder gefährliches Fahren. Manchmal entwickeln sie auch psychotische Symptome wie Wahnvorstellungen und Halluzinationen, die es schwierig machen können, eine bipolare Erkrankung von anderen Erkrankungen wie Schizophrenie oder schizoaffektiver Störung zu unterscheiden.

Personen mit einigen Formen der bipolaren Störung wie der Bipolar-II-Störung leiden unter Hypomanie, einer weniger schweren Form der Manie. Sie hält nicht so lange an wie manische Episoden und beeinträchtigt das normale Funktionieren nicht so sehr.

DEPRESSIVE EPISODEN

Während einer depressiven Episode verspüren Sie eine schlechte oder traurige Stimmung und/oder mangelndes Interesse an den meisten Aktivitäten sowie viele andere Symptome einer Depression, wie zum Beispiel:

- Müdigkeit.
- Appetitveränderungen.
- Gefühle der Wertlosigkeit und Verzweiflung.

WARUM WIRD DIE BIPOLARE STÖRUNG NICHT MEHR MANISCH-DEPRESSIVE ERKRANKUNG GENANNT?

In den letzten Jahrzehnten hat die medizinische Fachwelt, insbesondere die Psychiatrie, gezielt von der Verwendung von „manisch-depressiver Erkrankung" oder „manischer Depression" zur Charakterisierung einer bipolaren Störung abgewichen. Für diesen Übergang gibt es verschiedene Erklärungen, darunter:

Früher bezeichneten Mediziner den Begriff „manische Depression" als Bezeichnung für ein breites Spektrum psychischer Störungen. Da die Kategorisierungssysteme für psychische Erkrankungen, insbesondere das Diagnostic and Statistical Manual of Mental Disorders (DSM), komplexer geworden sind, sorgt der neue Begriff „bipolare Störung" für eine präzisere Diagnose.

Mit den Bezeichnungen „manisch" und „Manie" sind viele Stigmatisierungen und Feindseligkeiten verbunden, insbesondere aufgrund der Verwendung von „manisch". In ähnlicher Weise verwenden Einzelpersonen das Wort „Depression" leichtfertig, um Anfälle von Melancholie zu beschreiben, die nicht als klinische Depression gelten. Die Verwendung der „bipolaren Störung" lenkt die

Aufmerksamkeit von diesen beiden Begriffen ab. „Bipolare Störung" ist eher ein klinischer, medizinischer Begriff und weniger emotional gewichtet als „manische Depression".

Der Begriff „manische Depression" schließt die zyklothyme oder hypomanische (bipolare II-Störung) Variante der Erkrankung aus.

Welche Arten von bipolarer Störung gibt es?

Es gibt vier Formen der bipolaren Störung, darunter:

BIPOLAR-I-STÖRUNG: Personen mit Bipolar-I-Störung haben eine oder mehrere Episoden einer Manie durchgemacht. Bei den meisten Menschen mit bipolarer Störung treten sowohl Phasen der Manie als auch der Depression auf, obwohl eine Episode einer Depression für die Diagnose nicht unbedingt erforderlich ist.

Normalerweise dauern die Melancholieanfälle mindestens zwei Wochen. Um mit Bipolar I diagnostiziert zu werden, müssen Ihre manischen Episoden mindestens sieben Tage andauern oder so schwerwiegend sein, dass Sie ins Krankenhaus eingeliefert werden müssen. Personen mit Bipolar I können auch gemischte Zustände (Episoden sowohl manischer als auch depressiver Symptome) haben (Episoden sowohl manischer als auch depressiver Symptome).

BIPOLAR-II-STÖRUNG: Personen mit Bipolar-II-Störung leiden unter depressiven Perioden und hypomanischen Episoden. Dennoch kommt es nie zu einer vollständigen manischen Episode, die als Diagnose einer Bipolar-1-Erkrankung dienen würde. Obwohl Hypomanie weniger schädlich ist als Manie, ist die Bipolar-II-Störung häufig behindernder als die Bipolar-I-Störung, da bei der

Bipolar-II-Störung eine anhaltende Depression häufiger vorkommt.

ZYKLOTHYMISCHE STÖRUNG (ZYKLOTHYMIE): Personen mit zyklothymischer Störung haben einen anhaltend instabilen Stimmungszustand. Sie leiden mindestens zwei Jahre lang unter Hypomanie und mittelschwerer Depression. Bei Personen mit Zyklothymie kann es zu kurzen Momenten normaler Stimmung (Euthymie) kommen, diese Intervalle dauern jedoch weniger als acht Wochen.

ANDERE SPEZIFIZIERTE UND NICHT SPEZIFIZIERTE bipolare und damit verbundene Störungen: Wenn eine Person die diagnostischen Kriterien für Bipolar I, II oder Zyklothymie nicht erfüllt, aber dennoch Episoden mit klinisch signifikanter abnormaler Stimmungserhöhung hatte, spricht man von einer anderen spezifizierten oder nicht spezifizierten bipolaren Erkrankung.

Was ist der Unterschied zwischen einer Borderline-Persönlichkeitsstörung und einer bipolaren Störung?

Obwohl die Borderline-Persönlichkeitsstörung (BPD) und die bipolare Störung ähnliche Symptome aufweisen und häufig miteinander verwechselt werden, handelt es sich um unterschiedliche Krankheiten.

BPD umfasst ein langwieriges Muster plötzlicher, von Moment zu Moment auftretender Schwankungen von Emotionen, Verhalten und Selbstbild, die häufig durch Probleme in Beziehungen zu anderen Menschen ausgelöst werden. Nicht-suizidale Selbstverletzungen sind bei Borderline-Persönlichkeitsstörung ebenfalls weit verbreitet, jedoch nicht bei bipolaren Erkrankungen.

Die bipolare Störung unterscheidet sich von der Borderline-Persönlichkeitsstörung, da sie ausgeprägte, länger andauernde Anfälle von Manie/Hypomanie und/oder Traurigkeit umfasst. Zahlreiche Ursachen können manische oder depressive Episoden hervorrufen, wie zum Beispiel Schlafstörungen, Stress, Medikamente und Drogenkonsum.

Wer ist von der bipolaren Störung betroffen?

Eine bipolare Erkrankung kann jeden betreffen. Das typische Erkrankungsalter liegt bei 25 Jahren, seltener kann es jedoch bereits im frühen Säuglingsalter oder erst in den 40er oder 50er Jahren auftreten.

Während bipolare Erkrankungen in ähnlicher Zahl Personen betreffen, die bei der Geburt einer Frau zugewiesen wurden (AFAB) und Personen, die bei der Geburt einem Mann zugewiesen wurden (AMAB), wirkt sich die Krankheit tendenziell unterschiedlich auf sie aus.

Personen mit AFAB und bipolarer Erkrankung können ihre Stimmung schneller umschlagen. Wenn Personen mit bipolarer Erkrankung vier oder mehr manische oder depressive Episoden pro Jahr erleiden, spricht man von „Rapid Cycling".

Schwankende Mengen an Sexualhormonen und Schilddrüsenhormonen können in Kombination mit der Neigung von Personen mit AFAB, Antidepressiva zu erhalten, zu einem schnelleren Zyklus in dieser Gruppe beitragen.
AFAB-Personen mit bipolarer Erkrankung können auch häufiger unter depressiven Episoden leiden als AMAB-Personen.

Wie häufig kommt eine bipolare Störung vor?
Von der bipolaren Störung sind etwa 5,7 Millionen erwachsene Amerikaner oder etwa 2,6 % der US-Bevölkerung betroffen.

SYMPTOME UND URSACHEN

Was sind die Anzeichen und Symptome einer bipolaren Störung?

Das Unterscheidungsmerkmal einer Bipolar-I-Störung ist eine manische Episode, die mindestens eine Woche dauert, während Patienten mit einer Bipolar-II-Störung oder Zyklothymie hypomanische Episoden erleiden.

Allerdings leiden viele Patienten mit bipolarer Erkrankung sowohl an hypomanischen/manischen als auch an depressiven Phasen. Diese schwankenden emotionalen Zustände folgen nicht unbedingt einem bestimmten Muster, und Melancholie folgt nicht immer manischen Phasen. Eine Person kann den gleichen Stimmungszustand auch mehrmals erleben – mit dazwischen liegenden Euthymie-Intervallen –, bevor sie die entgegengesetzte Stimmung verspürt.

Stimmungsschwankungen können sich bei einer bipolaren Erkrankung über Wochen, Monate und gelegentlich sogar Jahre entwickeln.

Eine entscheidende Komponente von Stimmungsschwankungen ist, dass sie eine Abweichung von Ihrem normalen Selbst darstellen und dass die Stimmungsänderung über einen langen Zeitraum anhält. Bei einer Manie kann es mehrere Tage oder Wochen dauern, bei einer Depression mehrere Wochen oder Monate.

Die Intensität der depressiven und manischen Perioden kann von Person zu Person und bei derselben Person zu verschiedenen Zeiten unterschiedlich sein.

ANZEIGE UND SYMPTOME MANISCHER EPISODEN
Manche Menschen mit bipolarer Erkrankung erleiden im Laufe ihres Lebens

mehrmals Anfälle von Manie oder Hypomanie; andere erleben sie möglicherweise sehr selten.

Zu den Symptomen und Symptomen einer manischen Episode gehören:

- Extreme Freude, Hoffnung und Begeisterung.
- Schnelle und extreme Gefühlsschwankungen, wie z. B. der Wechsel von Fröhlichkeit zu Wut und Unfreundlichkeit.
- Unruhe.
- Schnelles Sprechen und schnelle Gedanken.
- Mehr Energie und geringeres Schlafbedürfnis.
- Erhöhte Impulsivität und schlechtes Urteilsvermögen, z. B. schnelles Verlassen der Arbeit.
- Große und unmögliche Pläne schmieden.
- Rücksichtsloses und risikofreudiges Verhalten, wie Drogen- und

Alkoholkonsum sowie gefährlicher oder ungeschützter Sex.
- Das Gefühl, besonders wichtig, kompetent oder stark zu sein.
- Psychose – Halluzinationen und Wahnvorstellungen (in den extremsten manischen Episoden).

Meistens sind sich Personen, die an einer manischen Episode leiden, der schädlichen Auswirkungen ihres Verhaltens nicht bewusst. Bei bipolaren Erkrankungen ist Selbstmord ein allgegenwärtiges Problem – manche Menschen werden in manischen Phasen selbstmordgefährdet, nicht nur in depressiven Zeiten.

Wenn eine Person an einer akuten manischen Episode leidet, insbesondere wenn sie unter Halluzinationen und Wahnvorstellungen leidet, muss sie möglicherweise ins Krankenhaus eingeliefert werden, um sich und andere vor potenziellen Gefahren zu schützen.

Anzeichen und Symptome einer Hypomanie

Einige Patienten mit bipolarer Erkrankung zeigen mildere manische Symptome. Dies wird als Hypomanie bezeichnet. Bei Hypomanie fühlen Sie sich möglicherweise wirklich gut und stellen fest, dass Sie viel erreichen können. Personen mit Hypomanie können im sozialen Umfeld oder am Arbeitsplatz häufig gut funktionieren.

Möglicherweise haben Sie während einer hypomanischen Episode nicht das Gefühl, dass etwas nicht stimmt. Dennoch bemerken Ihre Verwandten und Freunde möglicherweise Ihre Stimmungsschwankungen und Schwankungen im Aktivitätsniveau und gehen davon aus, dass diese für Sie seltsam sind. Nach einer Hypomanie kann es zu einer schweren Depression kommen.

Anzeichen und Symptome depressiver Episoden

Die Symptome depressiver Episoden bei einer bipolaren Störung sind die gleichen wie bei einer schweren Depression. Diese beinhalten:

- Große Trauer.
- Mangelnde Energie und Müdigkeit.
- Mangel an Motivation.
- Gefühle der Verzweiflung oder Wertlosigkeit.
- Verlust der Freude an Dingen, die Ihnen früher Freude bereiteten.
- Schwierigkeiten, sich zu konzentrieren und Urteile zu fällen.
- Unkontrollierbares Schluchzen.
- Reizbarkeit.
- Größeres Schlafbedürfnis.
- Schlaflosigkeit oder übermäßiger Schlaf.
- Eine Veränderung des Appetits, die zu Gewichtsverlust oder Gewichtszunahme führt.
- Vorstellungen von Tod oder Selbstmord (Suizidgedanken).

Wenn Sie unter Suizidgedanken (Selbstmordgedanken) leiden, ist es wichtig, schnelle Hilfe zu suchen. Kontaktieren Sie 911 oder die National Suicide Prevention Hotline unter 1.800.273.8255. Jemand wird 24 Stunden am Tag, sieben Tage die Woche für einen Chat mit Ihnen erreichbar sein.

SYMPTOME EINER GEMISCHTEN EPISODE

Die Symptome einer gemischten Episode umfassen sowohl manische als auch depressive Symptome in Kombination. Während einer gemischten Episode verspüren Sie die unangenehmen Empfindungen und Gedanken, die mit einer Depression einhergehen, fühlen sich aber auch aufgeregt, unruhig und voller Energie.

Personen mit gemischten Episoden betrachten dies im Allgemeinen als den schwierigsten Aspekt einer bipolaren Erkrankung.

WAS VERURSACHT EINE BIPOLARE STÖRUNG?

Wissenschaftler kennen die spezifische Ätiologie der bipolaren Erkrankung noch nicht.

Sie glauben jedoch, dass es eine wichtige genetische (vererbte) Komponente gibt. Die bipolare Erkrankung gilt als eine der am häufigsten vererbbaren psychischen Erkrankungen – mehr als zwei Drittel der Menschen mit bipolarer Störung haben mindestens eine enge biologische Familie mit der Erkrankung.

Doch nur weil Sie eine biologische Familie haben, die an einer bipolaren Erkrankung leidet, heißt das nicht immer, dass Sie auch an einer bipolaren Erkrankung erkranken. Weitere Elemente, von denen Experten glauben, dass sie zur Entwicklung einer bipolaren Störung beitragen, sind:

VERÄNDERUNGEN IN IHREM GEHIRN: Forscher haben bei Patienten mit bipolarer Erkrankung geringfügige Anomalien in der durchschnittlichen Größe oder Aktivität mehrerer Gehirnbereiche festgestellt. Gehirnscans können die Krankheit jedoch nicht identifizieren.

UMGEBUNGSELEMENTE WIE TRAUMA UND STRESS: Ein belastendes Ereignis wie der Verlust eines geliebten Menschen, eine schwere Krankheit, eine Scheidung oder finanzielle Probleme können eine manische oder depressive Episode auslösen. Aus diesem Grund können Stress und Traumata möglicherweise eine Rolle bei der Entwicklung einer bipolaren Erkrankung spielen.

Wissenschaftler forschen derzeit daran, die Bedeutung dieser Elemente bei bipolaren Störungen zu ermitteln, wie sie dazu beitragen können, deren Auftreten zu verhindern und welche Rolle sie bei der Behandlung spielen könnten.

DIAGNOSE UND TESTS

Wie wird eine bipolare Erkrankung diagnostiziert?

Zur Diagnose einer bipolaren Störung kann Ihr Arzt verschiedene Methoden anwenden, darunter:

EINE KÖRPERLICHE UNTERSUCHUNG:

Eine vollständige Krankengeschichte, die die Erhebung Ihrer Symptome, Ihrer persönlichen Vorgeschichte, Ihrer Erfahrungen und Ihrer Familiengeschichte umfasst.

Medizinische Tests, wie z. B. Blutuntersuchungen, um andere Erkrankungen auszuschließen, die Ihre Symptome beeinflussen könnten, wie z. B. eine Schilddrüsenüberfunktion.

Eine Beurteilung der psychischen Gesundheit: Ihr Arzt kann die

Untersuchung durchführen oder Sie an einen Psychologen oder Psychiater überweisen.

Um eine bipolare Störung zu diagnostizieren, müssen Sie mindestens eine Episode einer Manie oder Hypomanie gehabt haben. Ärzte für psychische Gesundheit verwenden das Diagnose- und Statistikhandbuch für psychische Störungen (DSM), um die Art der bipolaren Störung zu bestimmen, an der eine Person möglicherweise leidet.

Um festzustellen, an welcher Form der bipolaren Störung Sie möglicherweise leiden, untersucht Ihr Psychiater das Muster der Symptome und wie stark diese Ihr Leben während der schwersten Episoden beeinflussen.

Personen mit einer bipolaren Störung leiden mit größerer Wahrscheinlichkeit auch an den folgenden psychischen Erkrankungen:

- Angst.
- Aufmerksamkeitsdefizit-/Hyperaktivit
ätsstörung (ADHS) (ADHS).
- Posttraumatische Belastungsstörung
(PTSD) (PTBS).
- Drogenkonsumstörungen/Doppeldiag
nose.

Aus diesem Grund und aufgrund der Tatsache, dass das Gedächtnis während einer Manie typischerweise beeinträchtigt ist und sich die Betroffenen nicht daran erinnern können, es gespürt zu haben, kann es für Ärzte schwierig sein, Personen mit einer bipolaren Erkrankung genau zu identifizieren.

Bei Personen mit bipolarer Erkrankung, die eine schwere manische Episode mit Halluzinationen durchmachen, kann fälschlicherweise die Diagnose Schizophrenie gestellt werden. Bipolare Erkrankungen werden häufig fälschlicherweise als

Borderline-Persönlichkeitsstörung (BPD) diagnostiziert.

Aus diesem Grund ist es wichtig, im Gespräch mit Ihrem Arzt alle Ihre Symptome und Erfahrungen ehrlich und detailliert darzulegen. Es kann auch von Vorteil sein, einen geliebten Menschen einzuladen, der in Ihren Gesprächen mit Ihrem Arzt möglicherweise weitere Fakten über Ihre psychische Vorgeschichte mitteilen kann.

MANAGEMENT UND BEHANDLUNG
Wie wird eine bipolare Störung behandelt?
Die Behandlung kann vielen Menschen helfen, selbst denen mit den schwersten Formen der bipolaren Erkrankung. Eine erfolgreiche Behandlungsstrategie umfasst im Allgemeinen einen Mix aus folgenden Therapien:

Psychotherapie (Gesprächstherapie).
Medikamente.

Zu den Selbstmanagementmaßnahmen gehören Aufklärung und das Erkennen früher Anzeichen einer Episode oder wahrscheinlicher Ursachen für Episoden. Wohltuende Lebensstilpraktiken wie Bewegung, Yoga und Meditation. Sie können eine Therapie unterstützen, aber nicht ersetzen.

Zusätzliche Behandlungen wie Elektrokrampftherapie (EKT) in Situationen, in denen Medikamente schlecht ansprechen oder wenn eine schnelle Behandlung der Symptome zur Vermeidung von Verletzungen von entscheidender Bedeutung ist.

Bipolare Erkrankungen sind ein lebenslanges Leiden, daher ist die Behandlung eine lebenslange Verpflichtung. Es kann oft Monate bis Jahre dauern, bis Sie und Ihr Arzt einen umfassenden Behandlungsplan finden, der für Sie am besten geeignet ist. Auch wenn dies enttäuschend sein mag, ist es wichtig, die Therapie aufrechtzuerhalten.

Episoden von Manie und Verzweiflung treten im Laufe der Zeit häufig erneut auf. Zwischen den Episoden treten bei vielen Menschen mit bipolarer Erkrankung keine Stimmungsschwankungen auf, bei anderen können jedoch anhaltende Symptome auftreten. Eine langfristige, fortlaufende Therapie kann helfen, diese Symptome zu kontrollieren.

Wenn Sie neben der bipolaren Störung noch weitere psychische Probleme wie Angstzustände oder ADHS haben, kann es schwieriger sein, mit den Erkrankungen umzugehen. Beispielsweise können die Antidepressiva, die medizinische Fachkräfte zur Behandlung von Zwangsstörungen (OCD) verabreichen, und die Stimulanzien, die sie zur Behandlung von ADHS verabreichen, die Symptome einer bipolaren

Erkrankung verstärken und sogar eine manische Episode auslösen.

Denken Sie daran: Auch wenn es schwierig sein mag, einige Krankheiten zu heilen, ist es nicht unmöglich. Achten Sie darauf, weiterhin einen Behandlungsplan zu finden, der für Sie funktioniert.

Welche Arten von Therapie werden zur Behandlung einer bipolaren Störung eingesetzt?
Psychotherapie, allgemein als „Gesprächstherapie" bezeichnet, kann ein wichtiger Aspekt des Behandlungsplans für Personen mit bipolarer Erkrankung sein.

Psychotherapie ist eine Bezeichnung für eine Reihe therapeutischer Strategien, die Ihnen helfen sollen, störende Emotionen, Einstellungen und Handlungen zu erkennen und zu ändern. Die Zusammenarbeit mit einem Experten für psychische Gesundheit, beispielsweise einem Psychologen oder

Psychiater, kann Ihnen und Ihrer Familie Unterstützung, Aufklärung und Hilfe bieten.

Zu den verschiedenen Behandlungsmethoden einer bipolaren Störung gehören:

PSYCHOEDUCATION: Psychoedukation ist die Methode, mit der Experten für psychische Gesundheit Menschen über ihre psychischen Probleme aufklären. Auch wenn es sich bei einer bipolaren Erkrankung um eine komplizierte Erkrankung handelt, wird Ihnen und Ihren Lieben das Verständnis der Erkrankung und ihrer möglichen Auswirkungen auf Ihr Leben dabei helfen, besser damit umzugehen und damit zu leben.

INTERPERSÖNLICHE UND SOZIALE RHYTHMUSTHERAPIE (IPSRT): Diese Behandlung soll Ihnen helfen, Ihre Emotionen zu verbessern, indem Sie Ihre biologischen und sozialen Rhythmen erkennen und mit ihnen arbeiten. IPSRT ist eine hilfreiche Behandlung für Personen mit Stimmungsstörungen, einschließlich bipolarer Erkrankungen. Es betont Möglichkeiten zur Förderung der Medikamenteneinhaltung (konsequente Einnahme Ihres Rezepts), zum Umgang mit stressigen Lebensereignissen und zur Vorbeugung von Störungen im sozialen Rhythmus (alltägliche Abweichungen im gewohnheitsmäßigen Verhalten). IPSRT bietet Ihnen Strategien, die Ihnen helfen, sich gegen die Entwicklung zukünftiger manischer oder depressiver Episoden zu verteidigen.

FAMILIENFOKUSIERTE THERAPIE: Diese Behandlung richtet sich an Erwachsene und Kinder mit bipolarer Erkrankung und deren Betreuer. Während dieser Behandlung nehmen Ihre Angehörigen an Therapiesitzungen mit Psychoedukation über bipolare Erkrankungen,

Kommunikationsentwicklungstraining und Problemlösungskompetenztraining teil.

KOGNITIVE VERHALTENSTHERAPIE (CBT): Hierbei handelt es sich um einen organisierten, zielorientierten Behandlungsstil. Ihr Therapeut oder Psychologe hilft Ihnen dabei, Ihre Vorstellungen und Gefühle genau unter die Lupe zu nehmen. Sie werden beginnen zu begreifen, wie sich Ihre Ideen auf Ihr Verhalten auswirken. Mithilfe von CBT können Sie schädliche Überzeugungen und Verhaltensweisen verlernen und lernen, bessere Denkmuster und Gewohnheiten anzunehmen.

Welche Medikamente werden zur Behandlung der bipolaren Störung eingesetzt?

Einige Medikamente können bei der Behandlung der Symptome einer bipolaren Erkrankung helfen. Möglicherweise müssen Sie mit Hilfe Ihres Arztes viele verschiedene

Medikamente ausprobieren, bevor Sie herausfinden, welches am besten wirkt.

Zu den Arzneimitteln, die medizinisches Fachpersonal üblicherweise zur Behandlung einer bipolaren Störung verordnet, gehören:

Stimmungsstabilisatoren.
Neuroleptika der zweiten Generation („atypische") (manchmal auch als Antipsychotika bezeichnet) (auch Antipsychotika genannt).
Antidepressiva.
Wenn Sie Medikamente gegen eine bipolare Störung einnehmen, sollten Sie:

Sprechen Sie mit Ihrem Arzt, um die Risiken, Nebenwirkungen und Vorteile des Arzneimittels zu verstehen.
Informieren Sie Ihren Arzt über alle verschreibungspflichtigen Medikamente, rezeptfreien Medikamente oder Nahrungsergänzungsmittel, die Sie derzeit einnehmen.

Informieren Sie sofort Ihren Arzt, wenn Sie Nebenwirkungen bemerken. Möglicherweise müssen Sie Ihre Dosierung anpassen oder ein anderes Arzneimittel ausprobieren.

Beachten Sie, dass Medikamente gegen bipolare Erkrankungen wie empfohlen regelmäßig eingenommen werden müssen.

Stimmungsstabilisatoren bei bipolarer Störung

Personen mit einer bipolaren Erkrankung benötigen häufig stimmungsstabilisierende Medikamente, um manische oder hypomanische Episoden zu bewältigen.

Zu den verschiedenen Stimmungsstabilisatoren und ihren Markennamen gehören:

- Lithium (Eskalith®, Lithobid®, Lithonate®).
- Valproinsäure (Depakene®).
- Divalproex-Natrium (Depakote®).

- Carbamazepin (Tegretol®, Equetro®).
- Lamotrigin (Lamictal®).

Lithium ist eines der am häufigsten verabreichten und erforschten Medikamente zur Behandlung bipolarer Erkrankungen. Lithium ist ein natürliches Salz und lindert die Maniesymptome innerhalb von zwei Wochen nach Beginn der Medikamenteneinnahme. Es kann jedoch Wochen bis Monate dauern, bis die manischen Symptome angemessen behandelt werden. Aus diesem Grund verschreiben Ärzte in der Regel zusätzliche Medikamente wie Antipsychotika oder Antidepressiva, um die Kontrolle der Symptome zu unterstützen.

Während der Einnahme von Lithium können gelegentlich Schilddrüsen- und Nierenprobleme auftreten. Ihr Arzt wird daher die Funktion Ihrer Schilddrüse und Nieren überprüfen und auch die

Lithiummengen in Ihrem Blut überwachen, da die Werte schnell zu hoch ansteigen können.

Alles, was die Natriummenge in Ihrem Körper verringert, wie z. B. die Umstellung auf eine natriumarme Ernährung, starkes Schwitzen, Fieber, Erbrechen oder Durchfall, kann zu einer gefährlichen Ansammlung von Lithium in Ihrem Körper führen. Seien Sie sich dieser Symptome bewusst und informieren Sie Ihren Arzt, wenn Sie Lithium einnehmen und diese bemerken.

Im Folgenden finden Sie Hinweise auf eine Lithiumtoxizität (Lithium-Überdosierung) (Lithium-Überdosierung). Kontaktieren Sie sofort Ihren Arzt oder gehen Sie zur örtlichen Notaufnahme, wenn bei Ihnen Folgendes auftritt:

- Verschwommenes Sehen oder Doppeltsehen.

- Unregelmäßiger Puls.
- Sehr schneller oder langsamer Herzschlag.
- Atembeschwerden.
- Verwirrung und Schwindel.
- Extremes Zittern oder Krämpfe.
- Ausscheiden enormer Urinmengen.
- Unkontrollierte Augenbewegungen.
- Ungewöhnliche Blutergüsse oder Blutungen.
- Neuroleptische Arzneimittel gegen bipolare Störung

Ärzte verschreiben Personen mit bipolarer Erkrankung üblicherweise Neuroleptika der zweiten Generation oder atypische Neuroleptika (Antipsychotika) in Verbindung mit einem Stimmungsstabilisator. Diese Medikamente helfen sowohl bei manischen als auch bei depressiven Phasen.

Nur vier dieser Medikamente sind von der US-amerikanischen Food and Drug

Administration (FDA) zur Behandlung einer bipolaren Depression zugelassen, darunter:

- Cariprazin (Vraylar®).
- Lurasidon (Latuda®).
- Olanzapin-Fluoxetin-Kombination (Symbyax®).
- Quetiapin (Seroquel®).
- Dennoch werden routinemäßig auch zusätzliche Medikamente empfohlen, darunter Olanzapin (Zyprexa®), Risperidon (Risperdal®) und Aripiprazol (Abilify®).

Antidepressiva gegen bipolare Störung
Ärzte können zur Behandlung depressiver Episoden bei bipolarer Störung Antidepressiva verschreiben und dabei das Antidepressivum mit einem Stimmungsstabilisator mischen, um das Auslösen einer manischen Episode zu vermeiden.

Antidepressiva werden niemals als einzige Behandlung zur Behandlung einer bipolaren Erkrankung eingesetzt, da die bloße Einnahme einer Antidepressivumpille eine manische Episode auslösen kann.

Welche Nebenwirkungen haben Medikamente gegen bipolare Störungen?
Nebenwirkungen von Medikamenten gegen bipolare Störungen sind weit verbreitet und variieren je nach Verschreibung. Es ist wichtig, mit Ihrem Arzt darüber zu sprechen, was Sie bei der Einnahme bestimmter Medikamente erwarten können. Es ist auch wichtig, sie zu benachrichtigen, wenn Sie Nebenwirkungen bemerken.

Brechen Sie niemals die Einnahme Ihres Arzneimittels ab, es sei denn, Ihr Arzt weist Sie dazu an. Ein abruptes Absetzen der Medikamente kann erhebliche negative Auswirkungen haben und schwere Episoden auslösen.

Zu den häufigsten Nebenwirkungen von Medikamenten gegen bipolare Störungen gehören:

- Gewichtszunahme.
- Stoffwechselstörungen, einschließlich abnormaler Lipidwerte (Dyslipidämie), hoher Blutdruck (Hypertonie) und übermäßiger Blutzuckerspiegel (Hyperglykämie) (Hyperglykämie).
- Schläfrigkeit.
- Akathisie – Unruhe- und Unruhegefühle mit dem treibenden Drang, sich zu bewegen, zu schaukeln oder auf und ab zu gehen.

Welche zusätzlichen medizinischen Therapien werden bei bipolarer Störung eingesetzt?
Zu den weiteren therapeutischen Optionen, die Ihr Arzt möglicherweise zur Behandlung einer bipolaren Störung prüft, gehören:

ELEKTROKONVULSIVE BEHANDLUNG (ECT): Hierbei handelt es sich um einen Prozess, bei dem eine kurze Anwendung eines elektrischen Stroms über die Kopfhaut auf Ihr Gehirn einen Anfall auslöst. Es wird am häufigsten zur Behandlung von Personen mit schwerer Depression eingesetzt.

Die EKT ist recht sicher und sehr erfolgreich bei medikamentenresistenter Depression oder akuter lebensbedrohlicher Manie. Es ist die beste Therapie gegen Manie bei Schwangeren. Bei der EKT erfolgt eine Vollnarkose, sodass Sie während der gesamten Operation bewusstlos sind und keine Beschwerden verspüren.

TRANSCRANIALE MAGNETISCHE STIMULATION (TMS): Bei dieser Behandlung wird eine kleine elektromagnetische Spule eingesetzt, die einen elektrischen Strom in Ihr Gehirn überträgt. Ärzte können es zur Behandlung medikamentenresistenter Depressionen einsetzen. Es ist eine Alternative zur ECT. TMS ist nicht unangenehm und erfordert keine Vollnarkose.

Schilddrüsenmedikamente: Diese Medikamente können gelegentlich als Stimmungsstabilisatoren wirken. Studien haben gute Ergebnisse bei der Linderung der Symptome bei AFAB-Patienten mit schwer zu behandelnder, schnell verlaufender bipolarer Erkrankung gezeigt.

KETAMIN-BEHANDLUNG: Ketamin, ein Anästhetikum, das in niedrigen Dosierungen über eine Infusion verabreicht wird, hat nachweislich eine kurzfristige antidepressive und antisuizidale Wirkung bei Personen mit bipolarer Erkrankung.

KRANKENHAUSAUFNAHME: Dies gilt als Notfalloption bei der Behandlung bipolarer Erkrankungen. Dies ist erforderlich, wenn jemand eine schwere depressive oder manische Episode durchmacht und eine dringende Gefahr für sich selbst oder andere darstellt.

Welche Änderungen des Lebensstils können bei einer bipolaren Störung hilfreich sein?

Ihr Arzt wird Ihnen wahrscheinlich eine Änderung Ihres Lebensstils vorschlagen, um Verhaltensmuster zu unterbinden, die die Symptome einer bipolaren Erkrankung verstärken. Zu diesen Änderungen des Lebensstils gehören:

Hören Sie auf, Alkohol zu trinken und/oder Freizeitdrogen und Zigaretten zu konsumieren: Es ist wichtig, mit dem Trinken und dem Konsum von Drogen, einschließlich Tabak, aufzuhören, da diese möglicherweise die von Ihnen eingenommenen Rezepte beeinträchtigen können. Sie können auch eine bipolare

Erkrankung verschlimmern und Stimmungsschwankungen hervorrufen.

FÜHREN SIE EIN TÄGLICHES NOTIZBUCH ODER EINE STIMMUNGSDIAGRAMM: Wenn Sie Ihre alltäglichen Gedanken, Emotionen und Handlungen notieren, können Sie möglicherweise besser erkennen, wie gut Ihre Therapie funktioniert, und/oder mögliche Auslöser manischer oder depressiver Episoden entdecken.

Halten Sie einen gesunden Schlafplan ein: Eine bipolare Erkrankung kann Ihre Schlafgewohnheiten drastisch verändern, und Änderungen in Ihrer Schlaffrequenz können möglicherweise eine Episode auslösen. Achten Sie auf einen normalen Schlafrhythmus, bei dem Sie jeden Tag zur gleichen Zeit schlafen gehen und aufwachen.

ÜBUNG: Es wurde festgestellt, dass Bewegung die Stimmung und die psychische

Gesundheit im Allgemeinen verbessert und daher bei der Behandlung Ihrer mit einer bipolaren Erkrankung verbundenen Symptome hilfreich sein kann. Da Gewichtszunahme eine der Hauptnebenwirkungen von Medikamenten gegen bipolare Störungen ist, kann Bewegung auch zur Gewichtskontrolle beitragen.

MEDITATION: Meditation hat sich als hilfreich bei der Linderung der Depression erwiesen, die Teil einer bipolaren Störung ist.
Stress abbauen und gesund bleiben

BEZIEHUNGEN: Stress und Angst können bei vielen Menschen mit bipolarer Erkrankung die Stimmungssymptome verstärken. Es ist wichtig, Ihren Stress auf gesunde Weise zu bewältigen und zu versuchen, Stressfaktoren zu beseitigen, wenn Sie können. Ein großer Teil davon besteht darin, gute Kontakte zu Freunden und Familie zu pflegen, die Sie unterstützen, und giftige Bindungen zu Personen loszuwerden, die Stress in Ihrem Leben verursachen.

VERHÜTUNG

Kann man einer bipolaren Störung vorbeugen?

Bedauerlicherweise gibt es keine bekannte Technik zur Vermeidung einer bipolaren Erkrankung, da die Wissenschaftler ihre spezifische Ätiologie nicht kennen.

Dennoch ist es wichtig, die Anzeichen und Symptome einer bipolaren Erkrankung zu erkennen und frühzeitig Hilfe in Anspruch zu nehmen.

AUSBLICK / PROGNOSE

Wie sind die Aussichten (Prognose) einer bipolaren Störung?

Die Prognose einer bipolaren Störung ist häufig düster, wenn sie nicht angemessen behandelt wird. Viele Menschen mit bipolarer Erkrankung, die eine angemessene Behandlung erhalten, können ein erfülltes und produktives Leben führen.

Die bipolare Erkrankung führt zu einer Verkürzung der voraussichtlichen Lebenserwartung um etwa neun Jahre, und bis zu einer von fünf Patienten mit bipolarer Erkrankung begeht Selbstmord. Schätzungsweise 60 % aller Menschen mit bipolarer Erkrankung leiden unter Drogen- oder Alkoholmissbrauch.

Aus diesem Grund ist es wichtig, ärztliche Hilfe in Anspruch zu nehmen und sich weiterhin der Therapie bipolarer Erkrankungen zu widmen.

Die häufige und kontinuierliche Einnahme von Arzneimitteln kann dazu beitragen, Manie- und Depressionsphasen zu verkürzen. Wenn man versteht, wie man die Anzeichen und Ursachen dieser Episoden erkennt, erhöht sich die Chance auf eine erfolgreiche Behandlung und die Entwicklung von Bewältigungsstrategien, die längere Krankheitszeiten, längere Krankenhausaufenthalte und Selbstmord verhindern können.

LEBEN MIT

Wann sollte ich wegen einer bipolaren Störung meinen Arzt aufsuchen?

Wenn bei Ihnen eine bipolare Störung diagnostiziert wurde, müssen Sie im Laufe Ihres Lebens regelmäßig Ihr Gesundheitsteam aufsuchen, um sicherzustellen, dass Ihre Behandlung bei Ihnen gut anschlägt. Zu diesem Trupp können Folgendes gehören:

- Primärer Gesundheitsdienstleister.
- Psychiater.
- Psychologe oder Therapeut.
- Neurologe.

Wann sollte ich wegen einer bipolaren Störung zur Notaufnahme gehen?

Wenn bei Ihnen einer dieser Umstände auftritt, ist es wichtig, die Notrufnummer 911 anzurufen oder zur nächstgelegenen Notaufnahme zu fahren:

- Gedanken an Tod oder Selbstmord.
- Vorstellungen oder Pläne, sich selbst oder andere zu verletzen.
- Halluzinationen und Wahnvorstellungen erleben.
- Symptome einer Lithiumvergiftung (Überdosierung), wie starke Übelkeit und Erbrechen, starkes Zittern der Hände, Orientierungslosigkeit und Sehstörungen.

Eine bipolare Störung ist eine lebenslange Erkrankung. Doch eine langfristige, fortlaufende Behandlung, wie Medikamente und Gesprächstherapie, kann Ihnen helfen, Ihre Symptome zu kontrollieren und Ihnen ein gesundes, erfülltes Leben zu ermöglichen. Es ist wichtig, regelmäßig Ihren Arzt aufzusuchen, um Ihren Behandlungsplan und Ihre Symptome zu überprüfen. Denken Sie daran, dass Ihr medizinisches Fachpersonal und Ihre Angehörigen für Sie da sind

KAPITEL 2

<u>Mythen und Fakten über bipolare Störungen</u>

Es gibt immer noch viele Missverständnisse über bipolare Erkrankungen, obwohl die Medien diese Stimmungskrankheit mittlerweile besser darstellen, wie Sendungen wie „Euphoria", „Homeland" und „Modern Love" zeigen.

Wir alle erleben im Laufe eines Jahres Höhen und Tiefen, aber für diejenigen, die an einer bipolaren Erkrankung leiden, sind diese Höhen und Tiefen wesentlich extremer und reichen von manischen Höhen bis zu depressiven Tiefen. Die bipolare Störung weist Zyklen oder Episoden auf, die Wochen bis Monate dauern, im Gegensatz zu den kurzen Stimmungsschwankungen, die gewöhnliche Stimmungsstörungen charakterisieren.

Es ist wichtig, die Symptome einer bipolaren Erkrankung zu verstehen, um Stigmatisierung zu verringern und Menschen dazu zu bewegen, sich behandeln zu lassen, da sich die Erkrankung ohne sie oft verschlimmert.

MYTHOS: Bipolare Störung ist nur ein anderer Name für Stimmungsschwankungen.

FAKT: Bei einer bipolaren Störung kommt es zu extremen Stimmungs-, Energie- und Aktivitätsschwankungen, die viel schwerwiegender und länger anhaltend sind als typische Stimmungsschwankungen.

MYTHOS: Menschen mit bipolarer Störung sind immer entweder extrem glücklich oder extrem traurig.

FAKT: Während die bipolare Störung Episoden von Manie und Depression umfasst, erleben die meisten Menschen mit dieser Erkrankung zwischen den Episoden Phasen relativer Stabilität.

MYTHOS: Bipolare Störung betrifft nur Erwachsene.

FAKT: Eine bipolare Störung kann sich in jedem Alter entwickeln, auch im Kindes- und Jugendalter.

MYTHOS: Eine bipolare Störung wird durch schlechte Erziehung oder persönliche Schwäche verursacht.

FAKT: Eine bipolare Störung ist eine Krankheit, die durch eine Kombination genetischer und umweltbedingter Faktoren verursacht wird und nicht das Ergebnis persönlicher Schwäche oder schlechter Erziehung ist.

MYTHOS: Menschen mit bipolarer Störung können keinen Job behalten oder erfolgreiche Beziehungen führen.

FAKT: Viele Menschen mit bipolarer Störung können mit der richtigen

Behandlung ihren Beruf behalten und erfolgreiche Beziehungen führen.

MYTHOS: Eine bipolare Störung ist immer durch extreme Stimmungsschwankungen gekennzeichnet.

FAKT: Bei manchen Menschen mit bipolarer Störung treten subtilere Stimmungsschwankungen auf, wie etwa Hypomanie oder leichte Depression.

MYTHOS: Eine bipolare Störung kann mit Medikamenten geheilt werden.

FAKT: Medikamente können zwar helfen, die Symptome einer bipolaren Störung zu lindern, es gibt jedoch keine Heilung für die Erkrankung.

MYTHOS: Menschen mit bipolarer Störung können keine Kinder bekommen.

FAKT: Menschen mit bipolarer Störung können Kinder bekommen, sollten aber mit ihrem Arzt über die Risiken und Vorteile von Medikamenten während der Schwangerschaft sprechen.

MYTHOS: Eine bipolare Störung ist dasselbe wie eine Borderline-Persönlichkeitsstörung.
FAKT: Obwohl beide Erkrankungen mit einer Stimmungsinstabilität einhergehen, handelt es sich um getrennte Störungen mit unterschiedlichen Symptomen und Behandlungsansätzen.

MYTHOS: Bipolare Störung ist eine seltene Erkrankung.
FAKT: Bipolare Störung betrifft etwa 2,6 % der Erwachsenen in den Vereinigten Staaten und ist damit eine relativ häufige Erkrankung.

MYTHOS: Menschen mit bipolarer Störung sind immer selbstmörderisch.
FAKT: Während Menschen mit bipolarer Störung einem erhöhten Selbstmordrisiko ausgesetzt sind, verspürt nicht jeder, der an

dieser Erkrankung leidet, Selbstmordgedanken oder -verhalten.

MYTHOS: Medikamente sind die einzige Behandlung für bipolare Störungen.
FAKT: Während Medikamente ein wichtiger Bestandteil der Behandlung einer bipolaren Störung sind, sind Therapie und Änderungen des Lebensstils auch wichtig für die Behandlung der Erkrankung.

MYTHOS: Menschen mit bipolarer Störung kann man nicht vertrauen, dass sie ihre eigenen Entscheidungen treffen.
FAKT: Bei richtiger Behandlung können Menschen mit bipolarer Störung ihre eigenen Entscheidungen treffen und unabhängig leben.

MYTHOS: Menschen mit bipolarer Störung können weder kreativ noch erfolgreich sein.
FAKT: Viele Menschen mit bipolarer Störung sind kreativ und erfolgreich, und

manche führen ihren Erfolg auf ihre bipolare Störung zurück.

MYTHOS: Bipolare Störung betrifft nur Menschen einer bestimmten Rasse oder ethnischen Zugehörigkeit.
FAKT: Eine bipolare Störung kann Menschen jeder Rasse und ethnischen Zugehörigkeit betreffen.

MYTHOS: Menschen mit bipolarer Störung befinden sich immer in einer Krise.
FAKT: Während Menschen mit bipolarer Störung während Manie- oder Depressionsepisoden Krisen erleben können, sind viele in der Lage, ihre Erkrankung in den Griff zu bekommen und ein stabiles Leben zu führen.

MYTHOS: Menschen mit bipolarer Störung sollten Stress um jeden Preis vermeiden.
FAKT: Obwohl Stress bipolare Episoden auslösen kann, ist es nicht immer möglich

oder wünschenswert, Stress zu vermeiden. Stattdessen sollten Menschen mit bipolarer Störung lernen, auf gesunde Weise mit Stress umzugehen.

MYTHOS: Bipolare Störung ist ein Zeichen von Schwäche oder moralischem Versagen.
FAKT: Eine bipolare Störung ist eine Erkrankung, die nicht durch Schwäche oder moralisches Versagen verursacht wird.

MYTHOS: Menschen mit bipolarer Störung sollten alle Drogen und Alkohol meiden.
FAKT: Während Drogen- und Alkoholkonsum bipolare Episoden auslösen können, können einige Menschen mit bipolarer Störung diese Substanzen mit Zustimmung ihres Arztes in Maßen konsumieren.

MYTHOS: Menschen mit bipolarer Störung sind immer entweder manisch oder depressiv.

FAKT: Bei Menschen mit bipolarer Störung kann es zu Phasen normaler Stimmung kommen, was die Diagnose der Erkrankung erschweren kann. Darüber hinaus können bei manchen Menschen gleichzeitig eine Mischung aus manischen und depressiven Symptomen auftreten, die als gemischte Episode bezeichnet wird.

MYTHOS: Menschen mit bipolarer Störung sind gewalttätig oder gefährlich.

FAKT: Menschen mit einer bipolaren Störung sind nicht häufiger gewalttätig oder gefährlich als die Allgemeinbevölkerung. Allerdings besteht möglicherweise ein etwas höheres Risiko für impulsives oder riskantes Verhalten während manischer Episoden.

MYTHOS: Medikamente sind die einzige Behandlung für bipolare Störungen.

FAKT: Während Medikamente oft ein wichtiger Bestandteil der Behandlung einer bipolaren Störung sind, sind auch Therapie und Änderungen des Lebensstils wichtig. Eine Therapie kann Menschen mit bipolarer

Störung dabei helfen, Bewältigungsstrategien zu erlernen, ihre Symptome zu bewältigen und ihre Beziehungen zu verbessern.

MYTHOS: Menschen mit bipolarer Störung können kein normales Leben führen.

FAKT: Bei richtiger Behandlung können Menschen mit bipolarer Störung ein erfülltes und erfolgreiches Leben führen. Viele Menschen mit bipolarer Störung haben erfolgreiche Karrieren, gesunde Beziehungen und glückliche Familien.

MYTHOS: Menschen mit bipolarer Störung sind einfach nur launisch oder es ist schwierig, mit ihnen zusammen zu sein.

FAKT: Die bipolare Störung ist eine schwere psychiatrische Erkrankung, die professionelle Behandlung erfordert. Bei Menschen mit bipolarer Störung kann es zu starken Stimmungsschwankungen kommen, die außerhalb ihrer Kontrolle liegen.

MYTHOS: Menschen mit einer bipolaren Störung sollten einfach „davon loskommen" oder „darüber hinwegkommen".

FAKT: Die bipolare Störung ist eine Krankheit, die wie jede andere Krankheit behandelt werden muss. Jemandem zu sagen, er solle „da rauskommen" oder „darüber hinwegkommen", ist nicht hilfreich und kann schädlich sein.

MYTHOS: Menschen mit bipolarer Störung dürfen weder Alkohol trinken noch Drogen nehmen.

FAKT: Menschen mit bipolarer Störung sollten beim Konsum von Alkohol oder Drogen vorsichtig sein, da diese die Wirkung von Medikamenten beeinträchtigen und Stimmungsschwankungen auslösen können. Bei richtiger Behandlung können manche Menschen mit bipolarer Störung jedoch in Maßen Alkohol trinken.

MYTHOS: Menschen mit bipolarer Störung können weder arbeiten noch zur Schule gehen.

FAKT: Bei richtiger Behandlung können Menschen mit bipolarer Störung arbeiten, zur Schule gehen und ein produktives Leben führen. Möglicherweise müssen sie jedoch bestimmte Vorkehrungen treffen, etwa Pausen einlegen oder ihren Arbeitsplan anpassen, um ihre Symptome in den Griff zu bekommen.

MYTHOS: Bipolare Störung ist in erster Linie Manie

FAKT: Bipolare Erkrankungen umfassen ein breites Spektrum an Stimmungsproblemen, einschließlich Manie, Hypomanie und Traurigkeit.

Um eine bipolare Störung zu diagnostizieren, muss eine Person mindestens eine Episode einer Manie oder Hypomanie durchgemacht haben. Allerdings leiden nicht alle Patienten mit einer bipolaren Erkrankung unter den gleichen Symptomen. Bei den meisten handelt es sich um mehrere Varianten und mit unterschiedlichem Schweregrad.

Laut dem Dictionary of Psychology der APA ist Manie ein Zustand von Überaktivität, Erregung und psychomotorischer Unruhe. Dieser Zustand einer erheblich gesteigerten Stimmung kann auch zu erheblichen Störungen des Alltagslebens führen. Manie geht typischerweise mit Grandiosität, übermäßigem Optimismus oder schlechtem Urteilsvermögen einher. Manie kann auch psychotische Symptome wie Halluzinationen oder Wahnvorstellungen beinhalten, die ein Gefühl der Trennung von der Realität hervorrufen können.

Hypomanie ist eine weniger schwere Variante der Manie, die zu mehr Energie, Aktivität und Stimmung führt.

Depression ist ein Zustand anhaltender Niedergeschlagenheit und eines Verlusts an Energie und Aktivität. Wenn eines dieser Symptome über einen bestimmten Zeitraum vorhanden ist, spricht man von einer Episode.

Es ist ziemlich ungewöhnlich, dass Menschen in einer Episode sowohl manische/hypomanische als auch depressive Symptome haben. Dies wird als eine Episode mit gemischten Merkmalen angesehen. Personen, die eine Episode mit gemischten Merkmalen haben, können sich stark deprimiert, leer oder hoffnungslos fühlen, während sie sich gleichzeitig unglaublich energiegeladen fühlen.

MYTHOS: Manie macht Spaß und ist aufregend
FAKT: Wenn Menschen unter Manie leiden, fühlen sie sich möglicherweise großartig, haben viel Energie und können längere Zeit ohne Schlaf auskommen.

Obwohl dies verlockend erscheinen mag, kann Manie auch ein unglaublich unangenehmes Gefühl sein, das von Wut, Unruhe und dem Gefühl, die Kontrolle verloren zu haben, geprägt ist.

Während jemand mit einer bipolaren Störung die gesteigerte Energie der Manie als wünschenswert empfindet – insbesondere, wenn sie nach einer Phase der Verzweiflung auftritt – endet dieses „High" möglicherweise nicht auf einem angenehmen oder kontrollierten Niveau. Die Stimmung kann schnell gereizt sein, das Verhalten wird unvorhersehbarer und das Urteilsvermögen wird beeinträchtigter.

In manischen Fällen handeln Menschen typischerweise impulsiv. Dies führt zu vorschnellen Urteilen und einzigartigen Risiken, die verheerende Auswirkungen auf die Beziehungen, den Arbeitsplatz, die finanzielle Situation oder die Gesundheit haben können.

Während einer manischen Episode können Menschen große Risiken eingehen und Dinge tun, die sie normalerweise nicht tun würden. Sie haben jedoch im Allgemeinen schwerwiegende Folgen und hinterlassen Nachwirkungen, deren Heilung Monate oder sogar Jahre dauern kann. Gelegentlich gehen mit der Manie auch psychotische Symptome wie das Hören oder Sehen von Dingen einher, die rätselhaft und unangenehm sein können.

MYTHOS: Einzelpersonen können mit der Einnahme ihrer Medikamente aufhören, nachdem ihre bipolare Störung unter Kontrolle ist

FAKT: Die Einnahme von Medikamenten gegen bipolare Erkrankungen wirkt vorbeugend und hilft Patienten, künftige manische oder depressive Episoden zu vermeiden. Bitte sprechen Sie mit Ihrem Arzt, bevor Sie neue Medikamente einnehmen oder absetzen.

Obwohl Medikamente häufig die Erstbehandlung bei bipolaren Erkrankungen darstellen, haben psychologische Behandlungen wie kognitive Verhaltenstherapie, familienorientierte Therapie und zwischenmenschliche Therapie nachweislich die Symptome und das Risiko weiterer Episoden deutlich verringert.

Die Kombination von Therapie und Medikamenten wird allgemein als die wirksamste und nachhaltigste Behandlung angesehen. Spezialisten fördern auch Selbsthilfetechniken, einschließlich Aufklärung, Schlafhygiene, Symptomüberwachung, Meditation und Aufrechterhaltung angemessener sozialer Unterstützung.

KAPITEL 3

Tipps zur Bewältigung einer bipolaren Störung

Entdecken Sie Techniken zum Leben mit einer bipolaren Erkrankung, die Ihnen helfen, Ihre Symptome zu kontrollieren und zu gedeihen.

Bipolare Störung ist eine psychische Erkrankung, die mit erheblichen Stimmungsschwankungen und Veränderungen im Verhalten, in den Gedanken, im Aktivitätsniveau und in den Schlafgewohnheiten einhergeht.

Jemand mit einer bipolaren Erkrankung kann auch Zeiten erleben, in denen er ein großes Maß an Glück, Vitalität und Optimismus verspürt, die als Manie oder manische Episoden bekannt sind. Die Häufigkeit und Intensität dieser Symptome variiert je nach Person. Es gibt jedoch nützliche Bewältigungsmethoden, die Ihnen bei der Bewältigung einer bipolaren Depression helfen können.

Neben der Therapie gibt es Methoden, mit denen Sie lernen können, bipolare Erkrankungen zu überwinden und die auftretenden Symptome zu lindern. Die Überwindung einer bipolaren Störung kann auch möglich sein, indem Sie verschiedene Bewusstseins- und Achtsamkeitsfähigkeiten in Ihr normales Leben integrieren. Wenn Sie sich auf das Üben von Bewältigungsfähigkeiten und -techniken konzentrieren, kann dies den Nutzen erhöhen, den Sie aus der Therapie einer bipolaren Störung durch einen zertifizierten Psychologen ziehen.

Wie man mit einer bipolaren Störung umgeht: 10 Möglichkeiten, damit umzugehen
Obwohl es keine Heilung oder schnelle Lösung für bipolare Erkrankungen gibt,

können Sie mit der richtigen Taktik Ihre allgemeine Lebensqualität und Leistungsfähigkeit verbessern. Wenn Sie über die richtigen Medikamente und die richtige Beratung für Ihre Bedürfnisse verfügen, finden Sie im Folgenden einige weitere Taktiken, die Sie zur Überwindung einer bipolaren Erkrankung anwenden können.

Seien Sie ein aktiver Teilnehmer an Ihrer Behandlung

Stellen Sie bei der Therapie sicher, dass Sie sich aktiv an dem Plan beteiligen. Nehmen Sie sich die Zeit, die Krankheit zu studieren, alle möglichen Auswirkungen zu erfassen und Fragen zu stellen.

Um herauszufinden, wie man mit einer bipolaren Erkrankung umgeht, ist es wichtig, sich selbst kennenzulernen. Erfahren Sie mehr über Ihre individuellen Symptome und prüfen Sie, ob Sie Umstände oder Auslöser identifizieren können, die Sie möglicherweise vermeiden müssen.

Nachdem Sie mehr über Bipolar und sich selbst verstanden haben, können Sie gemeinsam mit Ihrem Arzt oder Therapeuten Ihre Therapie entwerfen. Seien Sie jemand, der Fragen stellt und Ihre Sorgen bespricht. Wenn Sie einen Behandlungsanbieter haben, mit dem Sie nicht gerne zusammenarbeiten oder mit dem Sie nicht ehrlich reden möchten, ist es gut, jemanden zu wählen, der Ihnen auf Ihrem Weg ein besserer Partner sein kann.

GEHEN SIE ZUR THERAPIE

Ob mit oder ohne Medikamente, einer der wirksamsten Ansätze zur Behandlung bipolarer Erkrankungen ist die kognitive Verhaltenstherapie (CBT). Medikamente sind ein entscheidender Bestandteil eines bipolaren Behandlungsplans, aber sie sind nicht die einzige Möglichkeit, die benötigte Pflege zu erhalten. Eine Beratung kann auch hilfreich sein, um Bewältigungsstrategien zu erlernen und sich auf die Änderung Ihrer Denk- und Verhaltensweise zu konzentrieren.

Beratung kann auch eine Möglichkeit sein, Ihr Alltagsleben und die Qualität Ihrer Beziehungen zu verbessern. Ihr Therapeut wird die Therapietechnik anwenden, die für Ihre Erkrankung und Ihre Anforderungen am besten geeignet ist.

Beobachten Sie Ihre Stimmung und Symptome genau
Achten Sie beim Erlernen des Umgangs mit bipolarer Störung darauf, wie Sie sich fühlen, welche Emotionen Sie empfinden und ob bei Ihnen Symptome auftreten. Wenn Sie auch nur geringfügige Veränderungen feststellen, können Sie möglicherweise mit Ihren Gesundheitsdienstleistern
zusammenarbeiten, um zu verhindern, dass

sich diese Hindernisse zu größeren Problemen entwickeln.

Ein Notizbuch könnte eine wunderbare Möglichkeit sein, Ihre Symptome im Auge zu behalten und Warnsignale frühzeitig zu erkennen. Eine andere Möglichkeit besteht darin, ein Stimmungsdiagramm zur Verfügung zu haben. Dies ist ein einfacher Ansatz, um festzustellen, wie Sie sich fühlen, und kleine Anpassungen zu erkennen, die möglicherweise Aufmerksamkeit erfordern.

ISOLIEREN SIE SICH NICHT

Wenn Sie an einer bipolaren Erkrankung leiden, verspüren Sie möglicherweise den Impuls, sich von anderen zu trennen. Möglicherweise möchten Sie nicht, dass andere Sie verurteilen, oder Sie wissen nicht einmal, dass Sie sich zurückziehen.

Ein starkes soziales Unterstützungssystem ist von entscheidender Bedeutung, wenn Sie lernen, mit bipolaren Erkrankungen umzugehen. Sie benötigen jemanden, mit dem Sie sprechen können. Dies kann dazu beitragen, das Risiko einer depressiven Episode zu minimieren.

Ihr Therapeut und Ihre Ärzte könnten Teil Ihres Unterstützungssystems sein. Der Beitritt zu einer Selbsthilfegruppe anderer Personen mit bipolarer Erkrankung kann ebenfalls therapeutisch sein. Machen Sie Ihre Kontakte zu Freunden und Familie zu einer Priorität.

ERSTELLEN SIE EINE ROUTINE

Die Etablierung einer Routine ist eine wunderbare Methode, um auf dem richtigen Weg zu bleiben, sicherzustellen, dass Sie Ihren Behandlungsplan einhalten, und Ihnen dabei zu helfen, die bipolare Erkrankung erfolgreicher zu bewältigen. Vielleicht möchten Sie sogar Ihre Routine aufschreiben, um an Tagen, an denen Sie sich unwohl fühlen, auf dem Laufenden zu bleiben.

Wenn Sie einen Zeitplan erstellen, kann dies Ihnen dabei helfen, Ihre Verschreibungen und Behandlungsbesuche besser zu organisieren. Es kann Ihnen auch dabei helfen, die Verantwortung dafür zu übernehmen, sich ausreichend auszuruhen, regelmäßig Mahlzeiten zu sich zu nehmen und allgemein auf sich selbst aufzupassen.

Der Schlaf ist eine der kritischsten Komponenten, die es zu regulieren gilt. Wenn Sie nicht genug Schlaf bekommen, kann dies entweder eine manische Episode auslösen oder ein Hinweis darauf sein, dass bereits eine Manie auftritt. Wenn Sie hingegen mehr als normal schlafen, kann dies ein Hinweis auf eine Depressionsepisode sein. Ein Schlafmuster in Ihre Gewohnheit zu integrieren und daran festzuhalten, könnte eine der effektivsten Strategien sein, um sofort festzustellen, wann Veränderungen auftreten.

Konzentrieren Sie sich auf Ernährung und Bewegung
Der Zusammenhang zwischen Ernährung und Bewegung für unsere geistige Gesundheit wird immer stärker. Bewegung ist wichtig, um Ihre Stimmung zu verbessern, und kann auch eine wunderbare Möglichkeit sein, Ihr Interesse aufrechtzuerhalten und sich auf Ihre Routine zu konzentrieren, wenn Sie jeden Tag Zeit für körperliche Betätigung einplanen.

Möglicherweise stellen Sie fest, dass Bewegung eine gute Bewältigungsmethode sein kann, wenn Sie Stress oder Schwierigkeiten verspüren, und dass der Wunsch, an weniger gesunden Bewältigungsmustern teilzunehmen, mit der Zeit nachlassen kann.

Ebenso wichtig ist eine gesunde Ernährung. Die Wahl der für Sie richtigen Ernährung sollte von Ihrem Arzt getroffen werden, aber die Vermeidung einer Überdosierung mit ungesunden Lebensmitteln wie Zucker, Fett und Koffein kann große Auswirkungen auf Ihren Körper haben.

REDUZIEREN SIE IHREN STRESS

Stress kann ein wesentlicher Auslöser für Menschen mit bipolarer Erkrankung sein. Ermitteln Sie Bereiche in Ihrem Leben, in denen Sie am stärksten unter Stress leiden, und finden Sie bessere Methoden, um damit umzugehen oder ihn, wenn möglich, zu beseitigen. Wenn Sie beispielsweise ein Familienmitglied oder einen geliebten Menschen um zusätzliche Hilfe im Haushalt bitten, fühlen Sie sich möglicherweise weniger gestresst.

Wenn Ihr Job Ihnen Stress bereitet, denken Sie darüber nach, welche Anpassungen möglich sind, und setzen Sie sich mit Ihrem direkten Vorgesetzten in Verbindung, um die Belastung anzugehen. Lösungsorientiert und proaktiv zu sein, anstatt zu warten, bis ein schwieriges Problem zu weit fortgeschritten ist, wird Ihnen dabei helfen, in Ihrem Beruf eine langfristige Lösung zu erreichen.

Vermeiden Sie Drogen und Alkohol
Es ist nicht ungewöhnlich, dass Menschen mit einer bipolaren Erkrankung auf Drogen oder Alkohol als Bewältigungsstrategien angewiesen sind. Drogenmissbrauch ist typischerweise eine gleichzeitig auftretende Erkrankung bei Personen mit bipolarer Störung. Dennoch kann der Konsum von Medikamenten oder Alkohol während einer bipolaren Erkrankung schwerwiegende Nebenwirkungen und Folgen haben.

Drogen und Alkohol können die Wirkung Ihrer Medikamente beeinträchtigen. Sie können die Symptome einer bipolaren Erkrankung verschlimmern und sogar eine manische oder depressive Episode hervorrufen.

Wenn Sie das Gefühl haben, ein Problem mit Drogen oder Alkohol zu haben, muss dies mit Ihrer Selbsthilfegruppe besprochen und gleichzeitig mit einer bipolaren Erkrankung behandelt werden.

Entdecken Sie Bewältigungsstrategien, die für Sie funktionieren
Wenn Sie an einer bipolaren Erkrankung leiden, ist es wichtig, geeignete Strategien zu entwickeln, um mit Stress umzugehen und sowohl geistig als auch körperlich fit zu bleiben.

Nicht alle Bewältigungsstrategien funktionieren bei allen Menschen, aber das Ausprobieren verschiedener Ansätze kann Ihnen dabei helfen, herauszufinden, was funktioniert und was nicht. Manche Menschen denken beispielsweise, dass Yoga eine tolle Alternative für sie ist. Andere mögen es vielleicht nicht zu schätzen wissen. Entdecken Sie, bis Sie Ihre bevorzugten Bewältigungstaktiken gefunden haben, die für Sie gut funktionieren und die Sie lieben.

ENTWICKELN SIE EINEN NOTFALLPLAN
Wenn Sie spüren, dass sich Ihre Symptome verschlimmern oder eine manische oder depressive Episode beginnt, überlegen Sie sich eine Strategie, wie Sie damit umgehen können. Sie sollten einen Krisenplan erstellen, während Sie sich wohl fühlen, da Sie dann vernünftiger und klarer im Kopf sind.

Ihr Notfall- oder Krisenplan sollte die Personen einbeziehen, die Sie um Hilfe bitten. Es sollte auch dargelegt werden, was Sie tun werden, wenn bei Ihnen extreme Symptome wie Selbstmordgedanken auftreten. Erinnern Sie sich daran, welche Medikamente Sie einnehmen müssen und wen Sie anrufen müssen, wenn ein außer Kontrolle geratener Notfall eintritt.

Wie kann ich jemandem mit einer bipolaren Störung helfen?

Das Leben mit einer bipolaren Erkrankung ist nicht einfach. Dennoch kann Ihre Unterstützung einen großen Einfluss auf das Leben einer erkrankten Person haben, insbesondere bei Stimmungsschwankungen. Dies sind 10 Dinge, die Sie tun können, um jemanden mit einer bipolaren Störung zu unterstützen:

BILDE DICH

Je mehr Sie über die bipolare Störung wissen, desto besser können Sie helfen. Das Erkennen der Anzeichen manischer und depressiver Perioden kann Ihnen beispielsweise dabei helfen, sich bei extremen Stimmungsschwankungen effektiv zu verhalten.

HÖREN

Sie müssen nicht immer Antworten oder Ratschläge geben, um hilfreich zu sein. Tatsächlich ist es eines der besten Dinge, die

Sie für jemanden mit einer bipolaren Erkrankung tun können, einfach nur ein guter Zuhörer zu sein, insbesondere wenn er mit Ihnen über die Probleme sprechen möchte, mit denen er konfrontiert ist.

Wenn Sie ihm Ihre Akzeptanz und Ihr Verständnis entgegenbringen, kann dies dazu beitragen, dass sich die Person mit ihrer Situation wohler fühlt. Sie können ein besserer Zuhörer werden, indem Sie:

- aktiv darauf achten, was sie sagen
- Bei Diskussionen einen kühlen Kopf bewahren
- Streit vermeiden
- Vermeiden Sie alle Probleme, die sie zu verärgern oder zu frustrieren scheinen

EIN SIEGER SEIN

Patienten mit einer bipolaren Erkrankung haben oft den Eindruck, dass die ganze Welt gegen sie sei. Wenn Sie der Person versichern, dass Sie auf ihrer Seite sind, kann das dazu beitragen, dass sie sich stabiler fühlt. Sie müssen mit den Einstellungen und Handlungen der Person nicht einverstanden sein, aber es kann sehr nützlich sein, ihr zu versichern, dass Sie immer hinter ihr stehen.

Menschen mit einer bipolaren Erkrankung fühlen sich häufig wertlos oder hoffnungslos. Wenn sie also ihre Stärken und guten Eigenschaften loben, können sie sich leichter von ihren depressiven Phasen erholen.

Seien Sie aktiv bei der Behandlung
Die Therapie für Erwachsene mit bipolarer Erkrankung besteht in der Regel aus mehreren Therapiesitzungen und Arztterminen. Obwohl Sie nicht unbedingt an diesen Besuchen teilnehmen sollten, können Sie jemandem mit einer bipolaren Erkrankung helfen, indem Sie ihn begleiten und dann auf ihn warten, bis der Termin erledigt ist.

Diese Konsultationen können für Menschen mit bipolarer Erkrankung oft schwierig oder beängstigend sein. Wenn jemand anwesend ist, der ihn unterstützen und mit ihm sprechen kann, kann dies dazu beitragen, etwaige Sorgen oder Ängste zu lindern.

ERSTELLEN SIE EINEN PLAN
Eine bipolare Störung kann unvorhersehbar sein. Es ist wichtig, einen Notfallplan zu haben, wenn Sie ihn bei schweren Stimmungsschwankungen anwenden müssen. Dieser Plan sollte beinhalten, was zu tun ist, wenn die Person während einer depressiven Episode Selbstmordgedanken hat oder wenn die Person während einer manischen Episode Hilfe benötigt.

Sie sollten auch Tagespläne haben, die dem Einzelnen helfen können, die Zeit zwischen intensiven Episoden zu überstehen.

Zu diesen Plänen können Bewältigungsmethoden gehören, z. B. was die Person tun kann, wenn sie einen bevorstehenden Stimmungsumschwung spürt, oder wie sie Hausarbeit oder andere alltägliche Aufgaben erledigt, wenn sie wenig Energie hat. Treffen Sie diese Vorkehrungen, während sich die Person in einer friedlichen Stimmung befindet. Am besten schreiben Sie sie auf, damit Sie schnell darauf zurückgreifen können.

Gelegentlich können Patienten mit einer bipolaren Erkrankung in manischen Momenten impulsiv werden. Auch wenn Ihr geliebter Mensch nicht in einer Episode ist, kann es sein, dass er Sie bittet, Bargeld oder Kreditkarten für ihn aufzubewahren, was mögliche finanzielle Schäden verringern kann.

Wenn Sie damit einverstanden sind, müssen Sie sich auf unangenehme Umstände einstellen, wenn Ihr geliebter Mensch

„verlangt", dass Sie ihm seine Kreditkarten, Bankbücher oder Bargeld geben. Überlegen Sie, ob Sie damit zurechtkommen, bevor Sie sich verpflichten, Ihrem geliebten Menschen auf diese Weise zu helfen.

UNTERSTÜTZEN, NICHT DRÜCKEN
Ihre Unterstützung kann für eine Person mit einer bipolaren Erkrankung äußerst nützlich sein. Dennoch müssen Sie wissen, wann Sie einen Schritt zurücktreten und die Hilfe eines medizinischen oder psychischen Experten in Anspruch nehmen müssen. Obwohl Menschen mit bipolarer Erkrankung bewusste Entscheidungen treffen können, müssen Sie sich darüber im Klaren sein, wann ihre Emotionen und Handlungen außerhalb ihrer Kontrolle liegen.

Nehmen Sie es außerdem nicht persönlich, wenn die Person einen Rückschlag erleidet, während Sie versuchen zu helfen. Denken Sie daran, dass Sie beide Ihr Bestes geben.

SEI VERSTÄNDNISVOLL

Für Menschen mit psychischen Problemen kann es schwierig sein, ihre Gefühle zu erfassen. Menschen mit bipolarer Erkrankung erkennen möglicherweise nicht, warum sich ihre Emotionen verändern. Zu wissen, was die Person durchmacht, und Ihre Unterstützung zu zeigen, kann einen großen Unterschied in ihren Gefühlen machen.

Vernachlässigen Sie sich nicht

Bei der Pflege einer Person mit bipolarer Erkrankung kann es leicht passieren, dass man vergisst, für sich selbst zu sorgen. Aber bevor Sie jemandem helfen, müssen Sie sicherstellen, dass Sie die Zeit und die emotionale Kapazität dafür haben.

Wenn Sie sich entscheiden, jemandem zu helfen, stellen Sie sicher, dass Sie ausreichend schlafen, sich richtig ernähren und häufig Sport treiben. Wenn Sie sich selbst gesund halten, können Sie möglicherweise besser dafür sorgen, dass die Person, der Sie helfen, gesund bleibt.

Seien Sie geduldig und bleiben Sie optimistisch
Bei einer bipolaren Erkrankung handelt es sich um eine Langzeiterkrankung, d. h. die Symptome kommen und gehen ein Leben lang. Der Zustand ist unvorhersehbar, mit beschwerdefreien Phasen, die sich mit akuten Stimmungsschwankungen abwechseln. Versuchen Sie im Interesse der Person mit einer bipolaren Erkrankung geduldig und hoffnungsvoll zu sein. Dies kann ihnen helfen, auf dem Weg zu einem erfüllten, gesunden Leben zu bleiben.

WISSEN SIE, WENN ES ZU VIEL IST
Niemand weiß besser, wie man mit einer bipolaren Erkrankung umgeht, als die dafür ausgebildeten Fachkräfte. Wenn Sie einer Person mit einer bipolaren Erkrankung helfen und Sie den Eindruck haben, dass die Situation zu stressig wird, wenden Sie sich

umgehend an einen Arzt oder Psychologen. Rufen Sie 911 an, wenn jemand aggressiv wird oder droht, sich selbst oder andere zu verletzen.

Es kann schwierig sein, jemanden mit einer bipolaren Erkrankung zu unterstützen. Die Veränderungen der Person können unerwartet sein und es kann schwierig sein, darauf zu reagieren oder damit umzugehen. Doch wenn Sie sich die Mühe machen, können Sie einen erstaunlichen Einfluss auf das Leben Ihrer Freunde oder Angehörigen haben. Zu wissen, dass sie sich auf Sie verlassen können, kann ihnen helfen, ihren Behandlungsplan einzuhalten und fröhlicher zu sein. Es kann auch angenehm sein zu wissen, dass Sie Ihrem Freund oder geliebten Menschen helfen, die Höhen und Tiefen des Lebens mit einer bipolaren Erkrankung zu bewältigen.

TIPPS ZUM HEILEN DER BIPOLAREN STÖRUNG ZU HAUSE, IN DER SCHULE UND BEI DER ARBEIT

Die bipolare Störung ist eine psychische Erkrankung, die einen erheblichen Einfluss auf das Leben eines Menschen haben kann. Hier sind einige Empfehlungen zur Unterstützung bei bipolaren Erkrankungen zu Hause, in der Schule und am Arbeitsplatz:

ZU HAUSE:

- Legen Sie einen Tagesplan fest und halten Sie sich daran.
- Stellen Sie sicher, dass Sie jede Nacht ausreichend Schlaf bekommen.
- Bleiben Sie aktiv, indem Sie regelmäßig Sport treiben.
- Ernähren Sie sich gesund und ausgewogen und vermeiden Sie Alkohol und Drogen.

- Vermeiden Sie Stresssituationen so weit wie möglich.
- Führen Sie ein Stimmungstagebuch, um Ihre Symptome und Ursachen zu notieren.
- Nehmen Sie sich Zeit für Entspannung und stressreduzierende Aktivitäten.
- Versuchen Sie, mit einem Therapeuten zu sprechen oder einer Selbsthilfegruppe beizutreten.
- Sprechen Sie mit Ihren Lieben frei und ehrlich über Ihre Situation.
- Stellen Sie sicher, dass Sie für den Katastrophenfall einen Sicherheitsplan haben.

IN DER SCHULE:
- Informieren Sie Ihre Lehrer oder Professoren über Ihren Zustand und eventuell erforderliche Vorkehrungen.
- Machen Sie Pausen, wenn Sie sie brauchen, und legen Sie Wert auf Selbstfürsorge.

- Nutzen Sie Ressourcen wie Nachhilfe, Beratung oder Behindertendienste.
- Vermeiden Sie es, sich zu sehr zu engagieren, und lernen Sie, bei Bedarf Nein zu sagen.
- Nutzen Sie ein ausgezeichnetes Zeitmanagement, um Stress abzubauen und Prokrastination zu verhindern.

AUF ARBEIT:

- Informieren Sie Ihren Vorgesetzten oder Ihre Personalabteilung über Ihren Zustand und eventuell erforderliche Vorkehrungen.
- Machen Sie Pausen, wenn Sie sie brauchen, und legen Sie Wert auf Selbstfürsorge.
- Richten Sie einen Arbeitsplatz ein, der angenehm ist und sich positiv auf Ihre Produktivität auswirkt.
- Erstellen Sie einen Zeitplan und priorisieren Sie Aufgaben, um Ihre

Arbeitsbelastung erfolgreich zu
bewältigen.
- Lernen Sie, Verantwortlichkeiten zu
delegieren, wo immer es möglich ist.

ALLGEMEIN:
- Informieren Sie sich über die bipolare
Störung und ihre
Behandlungsmöglichkeiten.
- Arbeiten Sie mit Ihrem Arzt
zusammen, um einen
Behandlungsplan zu entwerfen, der
für Sie funktioniert.
- Nehmen Sie Ihr Arzneimittel wie
empfohlen ein und nehmen Sie
regelmäßig an den
Behandlungssitzungen teil.
- Überprüfen Sie häufig Ihre Gefühle
und Symptome und teilen Sie alle
Veränderungen Ihrem Arzt mit.
- Wenden Sie Achtsamkeits- und
Entspannungsstrategien an, um Stress
und Ängste zu minimieren.

- Vermeiden Sie Drogen und Alkohol, da diese die bipolaren Symptome verstärken können.
- Nehmen Sie an Hobbys und Aktivitäten teil, die Ihnen Freude und Zufriedenheit bereiten.
- Umgeben Sie sich mit unterstützenden und verständnisvollen Menschen.
- Lernen Sie, Ihre Auslöser zu erkennen und damit umzugehen.
- Seien Sie sanft und freundlich zu sich selbst, während Sie das Leben mit einer bipolaren Erkrankung meistern.

EXTRA :

Wenn Leute sagen, dass jemand so bipolar ist, weil er launisch ist

Lassen Sie uns den Sachverhalt klarstellen. Bei Bipolar geht es nicht darum, jede Stunde eine Achterbahnfahrt der Gefühle zu erleben. Tatsächlich hat eine Längsschnittstudie ergeben, dass die durchschnittliche Stimmungsepisode mehr als drei Monate dauert. Einige Menschen mit bipolarer Störung (ungefähr 20-40 Prozent) haben etwas, was eigentlich als „Spezifizierer mit gemischten Merkmalen" bezeichnet wird.

„Das DSM-4 klassifizierte dies früher als gemischte Episoden, was in gewisser Weise leichter zu verstehen ist, aber es wurde im DMS-5 überarbeitet. Stellen Sie sich vor, aufgepumpt und voller Enthusiasmus, aber dennoch selbsthassend und deprimiert zu sein Das ist ein Beispiel. Daher ist das Suizidrisiko besonders hoch, wenn gleichzeitig Manie- und Depressionssymptome auftreten.

Endlich eine Diagnose zu bekommen, ist eine Erleichterung

Ungefähr 3 Prozent der US-Bevölkerung leiden an einer bipolaren Störung, aber eine aktuelle Studie hat ergeben, dass bei weiteren 7,3 Prozent eine Fehldiagnose auftreten könnte. Dafür gibt es zwei Gründe:

In manchen Fällen sind die Symptome nicht so ausgeprägt, dass sie eine Therapie erfordern; In anderen Fällen suchen Menschen nur während ihrer Abschwungphasen medizinische Hilfe auf.

Okay, denn das hat mich hierher gebracht ...
Eines der Hindernisse bei der Behandlung einer bipolaren Störung ist die Tendenz, sich an den oberen Körperteilen festhalten zu wollen. Es hat fast die Wirkung, der Depression entgegenzuwirken, daher kann es beängstigend sein, sie loszulassen.

Der SEROTONIN-KAMPF IST REAL
Viele Neurotransmitter stehen im Zusammenhang mit bipolaren Störungen, nicht nur Serotonin. Weitere mit dem Syndrom verbundene Neurotransmitter sind Dopamin, Noradrenalin, Serotonin, GABA (Gamma-Aminobutyrat), Glutamat und Acetylcholin. Sogar die Gehirnstruktur selbst ist unterschiedlich.

Ja, das kann ich tun … und das, na ja, und wie wäre es damit …

Ein weiteres Kennzeichen des manischen Zyklus ist die Bombardierung mit Ideen, die schnell kommen und gehen. Das gepaart mit der bereits erwähnten Aufregung erschwert die Konzentration enorm. Außerdem endet es fast immer mit einem emotionalen Absturz.

SCHLAF, WER BRAUCHT SCHLAF?

Veränderungen im Schlafverhalten sind im Allgemeinen die ersten Symptome, die Menschen bemerken. Während eines manischen Zyklus kann das bedeuten, dass man nicht schlafen möchte oder das Gefühl hat, nicht schlafen zu können, weil man zu sehr mit all den Dingen beschäftigt ist, die man tun möchte. Im depressiven Zyklus kann es zu Schlaflosigkeit oder zu viel Schlaf kommen.

Der depressive Zyklus dominiert

Menschen mit bipolarer Störung verbringen mehr Zeit mit Depressionen als mit Manie. Einer Studie der University of California in San Diego zufolge leiden Patienten mit Bipolar-I-Störung dreimal häufiger unter Verzweiflung als manisch. Für Menschen mit Bipolar II beträgt es 40:1.

OH HALLO NOCHMAL, BIPOLARBÄR

Leider ist bei bipolarer Störung ein Rückfall wahrscheinlich. In verschiedenen Studien wurde untersucht, wie oft die Erkrankung erneut auftritt. Die meisten Experten sind sich einig, dass die Wahrscheinlichkeit, dass die Erkrankung innerhalb von vier bis fünf Jahren erneut auftritt, bei 70 Prozent liegt. Zu den Ursachen für eine neue Episode gehören ein großes (nicht unbedingt schwieriges) Lebensereignis, Drogen- und Alkoholkonsum, Schlafmangel und zu viel Stress.

FRAGEN, DIE MENSCHEN MIT BIPOLARER STÖRUNG IHREM GESUNDHEITSANBIETER STELLEN KÖNNEN

- Was sind die häufigsten Symptome einer bipolaren Störung?
- Wie wird eine bipolare Erkrankung diagnostiziert?
- Was sind die Ursachen einer bipolaren Störung?
- Wie lange dauert die Behandlung einer bipolaren Störung?
- Welche Therapiemöglichkeiten gibt es bei einer bipolaren Störung?
- Wie wirken Medikamente zur Behandlung einer bipolaren Störung?
- Gibt es Nebenwirkungen von bipolaren Medikamenten?
- Wie oft sollte ich meine Medikamente einnehmen?
- Wie lange wird es dauern, bis das Medikament wirkt?

- Kann ich mit der Einnahme von Medikamenten aufhören, wenn es mir besser geht?
- Was könnte eine bipolare Episode auslösen?
- Wie kann ich meine bipolaren Symptome kontrollieren?
- Gibt es Anpassungen des Lebensstils, die bei einer bipolaren Störung hilfreich sein können?
- Gibt es eine spezielle Diät, die bei einer bipolaren Störung hilfreich sein kann?
- Wie kann ich meinen Schlaf kontrollieren, um bei einer bipolaren Störung zu helfen?
- Hilft Bewegung bei bipolarer Störung?
- Gibt es natürliche Therapien, die bei bipolarer Störung helfen können?
- Hilft eine Therapie bei einer bipolaren Störung?
- Welche Behandlungen werden bei einer bipolaren Störung empfohlen?

- Wie oft sollte ich an Behandlungssitzungen teilnehmen?
- Was soll ich tun, wenn ich Selbstmordgedanken habe?
- Wie kann ich das Auftreten bipolarer Erkrankungen verhindern?
- Wie kann ich meine Beziehungen verwalten, während ich mit einer bipolaren Störung lebe?
- Was soll ich tun, wenn ich eine manische Episode erlebe?
- Was soll ich tun, wenn ich eine Depressionsepisode erlebe?
- Gibt es spezielle Selbsthilfegruppen für Menschen mit bipolarer Störung?
- Wie kann ich mit dem Stigma einer bipolaren Störung leben?
- Wie kann ich meiner Familie und meinen Freunden meine Anforderungen erklären?
- Verschlimmert Alkohol oder Drogen die bipolare Störung?
- Wie kann ich meine Medikamente während der Reise verwalten?

- Gibt es Lebensmittel oder Nahrungsergänzungsmittel, die ich während der Einnahme von bipolaren Medikamenten meiden sollte?
- Können pflanzliche Nahrungsergänzungsmittel mit bipolaren Medikamenten kombiniert werden?
- Was soll ich tun, wenn meine Medikamente Nebenwirkungen haben?
- Wie oft sollte ich meinen Arzt zur Vorsorgeuntersuchung aufsuchen?
- Wie kann ich meinen Medikamentenplan regulieren?
- Was soll ich tun, wenn ich eine Medikamentendosis verpasse?
- Wie kann ich mit meinem Geld umgehen, während ich mit einer bipolaren Störung lebe?
- Gibt es besondere rechtliche Probleme für Personen mit bipolarer Störung?

- Wie kann ich meine Karriere oder meine Schule bewältigen, während ich mit einer bipolaren Störung lebe?
- Wie kann ich meinen Arbeitsplatz oder meine Schule über meine bipolare Störung informieren?
- Gibt es spezielle Regelungen für Personen mit bipolarer Erkrankung am Arbeitsplatz oder in der Schule?
- Wie kann ich meinen Stresspegel regulieren?
- Gibt es entspannende Praktiken, die bei einer bipolaren Störung hilfreich sein könnten?
- Wie kann ich mein Gewicht halten, während ich bipolare Medikamente einnehme?
- Wie kann ich meine sexuelle Gesundheit aufrechterhalten, während ich bipolare Medikamente einnehme?
- Gibt es Fruchtbarkeitsprobleme im Zusammenhang mit bipolaren Medikamenten?

- Wie kann ich meine Schlafapnoe kontrollieren, während ich bipolare Medikamente einnehme?
- Beeinträchtigt eine bipolare Erkrankung mein Gedächtnis oder meine kognitiven Fähigkeiten?
- Wie kann ich meine kognitiven Symptome kontrollieren?
- Gibt es kognitive Behandlungen, die bei einer bipolaren Störung hilfreich sein können?
- Wie kann ich meine Ängste kontrollieren, während ich mit einer bipolaren Störung lebe?
- Wie kann ich meine Wut regulieren, während ich mit einer bipolaren Störung lebe?
- Wie kann ich meine Reizung kontrollieren, während ich mit einer bipolaren Störung lebe?
- Beeinträchtigt eine bipolare Erkrankung meine Fähigkeit, Kinder zu bekommen?

- Gibt es erbliche Variablen im Zusammenhang mit einer bipolaren Störung?
- Kann eine bipolare Störung geheilt werden?
- Wie kann ich meine Erwartungen an die Behandlung kontrollieren?
- Wie kann ich meine Erwartungen an mich selbst kontrollieren, während ich mit einer bipolaren Störung lebe?
- Kann ich trotz bipolarer Störung ein erfolgreiches und lohnendes Leben führen?
- Wie kann ich mich und andere, die mit einer bipolaren Störung leben, für mich einsetzen?

KAPITEL 4

Komplementäre und alternative Behandlung der bipolaren Störung

Mehrere Personen mit bipolarer Erkrankung haben festgestellt, dass der Versuch alternativer Therapien zu einer Linderung der Symptome führt. Wissenschaftliche Erkenntnisse belegen viele der Vorteile der Behandlung von Depressionen. Der Nutzen bei der Behandlung bipolarer Erkrankungen bedarf jedoch weiterer Untersuchungen.

Bitte konsultieren Sie Ihren Arzt, bevor Sie mit einer alternativen Therapie beginnen. Nahrungsergänzungsmittel und Behandlungen können mit Ihrem Arzneimittel interagieren und unvorhergesehene Nebenwirkungen hervorrufen. Alternative Heilmittel sollten Standardbehandlungen oder Medikamente nicht ersetzen. Mehrere Personen haben berichtet, dass sie bei der gemeinsamen Anwendung der beiden größere Vorteile verspürten.

FISCHÖL

Fischöl und Fisch sind typische Quellen für zwei der drei Hauptformen von Omega-3-Fettsäuren:

Eicosapentaensäure (EPA)\Docosahexaensäure (DHA)
Diese Fettsäuren können die Neurotransmitter in Ihrem Gehirn beeinflussen, die mit Stimmungsproblemen zusammenhängen.

Bipolare Erkrankungen treten in Ländern, in denen Menschen Fisch und Fischöl zu sich nehmen, tendenziell seltener auf. Menschen mit Depressionen haben wahrscheinlich auch verringerte Mengen an Omega-3-Fettsäuren im Blut. Omega-3-Fettsäuren können helfen:

- Minimieren Sie Irritationen und Feindseligkeiten
- Aufrechterhaltung der Stimmungsstabilität
- depressive Symptome lindern
- Verbesserung der Gehirnfunktion

Sie können Fischölpräparate verwenden, um diese Tagesdosis zu erreichen. Dennoch können Fischölergänzungen negative Auswirkungen haben, darunter:

- Übelkeit\Sodbrennen
- Magenschmerzen\Blähungen\Aufstoßen\Durchfall

RHODIOLA ROSEA

Rhodiola rosea (arktische Wurzel oder Goldwurzel) kann bei der Heilung leichter bis schwerer Depressionen helfen. R. rosea ist ein mildes Stimulans und kann Schlaflosigkeit verursachen. Weitere negative Auswirkungen sind lebhafte Träume und Übelkeit.

Fragen Sie Ihren Arzt, bevor Sie R. rosea einnehmen, insbesondere wenn Sie in der Vergangenheit an Brustkrebs erkrankt sind. Dieses Kraut verbindet sich mit Östrogenrezeptoren und kann Ihr Brustkrebsrisiko erhöhen.

S-ADENOSYLMETHIONIN
Ergebnisse einer Überprüfung der Forschung
Vertrauenswürdige Quellen zeigen, dass die Ergänzungsversion eines im Körper natürlich vorkommenden Moleküls, S-Adenosylmethionin, gut gegen Depressionen sein kann. Dieses Aminosäurepräparat kann auch bei bipolaren Erkrankungen nützlich sein.

Bestimmte Mengen dieser Nahrungsergänzungsmittel können schwerwiegende negative Auswirkungen haben, einschließlich manischer Episoden. Sprechen Sie mit Ihrem Arzt über die geeignete Dosierung und erkundigen Sie sich, wie sich S-Adenosylmethionin mit anderen Medikamenten, die Sie einnehmen, vermischen kann.

N-ACETYLCYSTEIN

Dieses Antioxidans hilft, oxidativen Stress zu minimieren. Eine Durchsicht der Literatur ergab außerdem, dass in einer randomisierten kontrollierten Studie an Personen mit bipolarer Erkrankung die Zugabe von 2 Gramm N-Acetylcystein pro Tag zu Standardmedikamenten gegen bipolare Störungen zu einer erheblichen Verbesserung von Depressionen, Manie und Lebensqualität führte.

CHOLIN

Dieses wasserlösliche Vitamin kann bei Maniesymptomen bei Patienten mit schnellzyklischer bipolarer Erkrankung nützlich sein. Ergebnisse einer Studie mit sechs Patienten mit schnellzyklischer bipolarer Erkrankung, die 2.000 bis 7.200 mg Cholin pro Tag (zusätzlich zur Therapie mit Lithium) erhielten, zeigten eine Verringerung manischer Symptome.

INOSIT

Inositol ist ein synthetisches Vitamin, das bei Depressionen helfen kann. In einer Studie erhielten 66 Personen mit bipolarer Erkrankung, die an einer schweren depressiven Episode litten, die gegen eine Kombination aus Stimmungsstabilisatoren und einem oder mehreren Antidepressiva resistent war, bis zu 16 Wochen lang zusätzlich Inosit oder eine andere Zusatzbehandlung.

Die Forschungsergebnisse deuten darauf hin, dass 17,4 Prozent der Personen, die Inositol als Zusatzbehandlung erhielten, sich von ihrer depressiven Episode erholten und acht Wochen lang keine Symptome einer Stimmungsepisode hatten.

ST. Johanniskraut

Die Ergebnisse von Studien, in denen die Verwendung von Johanniskraut bei Depressionen untersucht wurde, sind inkonsistent. Eine Schwierigkeit scheint darin zu bestehen, dass die verwendeten Formen des Johanniskrauts während der gesamten Forschung nicht die gleichen waren. Auch die Dosierungen waren unterschiedlich.

BERUHIGENDE TECHNIKEN

Stress verschlimmert die bipolare Störung. Einige alternative Therapien zielen darauf ab, Ängste und Stress abzubauen. Zu diesen Therapien gehören:

- Nachrichtentherapie
- Yoga
- Akupunktur
- Meditation

Beruhigungstaktiken können eine bipolare Störung nicht behandeln. Sie können Ihnen jedoch dabei helfen, Ihre Symptome zu kontrollieren, und ein entscheidender Bestandteil Ihres Behandlungsansatzes sein.

INTERPERSÖNLICHE UND SOZIALE RHYTHMUSTHERAPIE (IPSRT)

Unregelmäßige Verhaltensmuster und Schlafmangel können die Symptome einer bipolaren Erkrankung verstärken. IPSRT ist eine Art Psychotherapie. Ziel ist es, Menschen mit bipolarer Erkrankung Folgendes zu ermöglichen:

- Halten Sie eine konsistente Routine ein
- Entwickeln Sie ausgezeichnete Schlafgewohnheiten
- lernen, mit Herausforderungen umzugehen, die ihre Routine stören

IPSRT kann zusätzlich zu Ihren aktuellen Medikamenten gegen bipolare Erkrankungen dazu beitragen, die Häufigkeit manischer und depressiver Episoden zu verringern.

ÄNDERUNGEN DES LEBENSSTILS

Während eine Änderung des Lebensstils eine bipolare Erkrankung nicht heilen kann, können einige Anpassungen Ihre Therapie verbessern und zur Stabilisierung Ihrer Stimmung beitragen. Zu diesen Änderungen gehören:

- regelmäßiges Training
- ausreichend Schlaf
- gesunde Lebensmittel

Bewegung kann auch dabei helfen, Emotionen zu beruhigen. Es kann auch dazu beitragen, Traurigkeit zu reduzieren und den Schlaf zu verbessern.

Ausreichend Schlaf

Ausreichender Schlaf kann helfen, Ihre Stimmung zu regulieren und Reizungen vorzubeugen. Zu den Strategien zur Schlafförderung gehören die Einführung einer Routine und die Schaffung einer ruhigen Schlafzimmeratmosphäre.

GESUNDE LEBENSMITTEL

Es ist hervorragend, Fisch und Omega-3-Fettsäuren in Ihre Ernährung aufzunehmen. Versuchen Sie jedoch, Ihren Verzehr von gesättigten Fetten und Transfetten zu begrenzen, die mit chemischen Anomalien im Gehirn zusammenhängen.

WEGBRINGEN

Es gibt Hinweise darauf, dass unkonventionelle Therapien bei bipolaren Erkrankungen nützlich sein können, wenn sie mit etablierten Therapien kombiniert werden. Dennoch wurden nur sehr wenige Studien zu diesen Therapien durchgeführt. Alternative Heilmittel sollten Ihre derzeitige Therapie oder Medikamente gegen bipolare Erkrankungen nicht ersetzen.

Bitte sprechen Sie mit Ihrem Arzt, bevor Sie eine alternative Therapie einleiten. Einige Nahrungsergänzungsmittel können negative Auswirkungen auf die von Ihnen eingenommenen Medikamente haben oder andere Krankheiten beeinflussen, an denen Sie leiden.

Wenn Sie einen Freund oder eine geliebte Person haben, die an einer bipolaren Erkrankung leidet, wissen Sie, dass diese Krankheit eine Belastung sein kann. Die unvorhersehbaren Handlungen und drastischen Stimmungsschwankungen können sowohl für die betroffene Person als auch für die anderen in ihrem Leben unangenehm sein.

Für Menschen mit bipolarer Erkrankung ist es wichtig zu lernen, mit ihrer Erkrankung umzugehen. Dennoch ist es auch wichtig, dass die Menschen in ihrem Leben – wie Freunde oder Familienmitglieder – wissen, wie sie ihnen helfen können, während sie

eine manische oder depressive Phase
durchmachen.

Lesen Sie weiter, um eine Liste mit
Methoden zu erhalten, die Ihnen helfen
können, wenn jemand, der Ihnen am
Herzen liegt, an einer bipolaren Erkrankung
leidet.

KAPITEL 5

Natürliche Heilmittel gegen bipolare Störungen

Bei der bipolaren Erkrankung handelt es sich um eine psychische Erkrankung, die zu dramatischen Stimmungs-, Energie- und Aktivitätsschwankungen führt. Die Erkrankung gilt als äußerst selten – bei rund 2,6 % der US-Bevölkerung wurde eine bipolare Störung diagnostiziert[1] – und 83 % dieser Fälle sind schwerwiegend[1].

Es gibt keine Heilung für die bipolare Störung, aber Sie können die Krankheit möglicherweise in den Griff bekommen, indem Sie die von Ihrem Arzt empfohlenen Medikamente einnehmen. Dennoch kommt es bei manchen Patienten zu unerwünschten Nebenwirkungen, wenn sie Medikamente zur Behandlung einer bipolaren Erkrankung einnehmen, wie etwa Schwindel, verminderte Beweglichkeit und

Gewichtszunahme. Aus diesem Grund möchten Sie möglicherweise nicht-medikamentöse Ansätze in Betracht ziehen, um Ihre Symptome zu lindern.

Da es keine ausreichenden Daten zu nicht-medikamentösen Therapien bei bipolaren Störungen oder deren Wirksamkeit gibt, werden sie am besten zusammen mit der Standardmedizin eingesetzt. Es ist äußerst wichtig, Ihren Arzt aufzusuchen, bevor Sie eine dieser alternativen Therapien anwenden, da einige von ihnen Risiken bergen.

Neugierig auf klinische Studien zur bipolaren Störung?
Forscher erforschen Hunderte neuartiger Therapien und Sie könnten Teil der Entdeckung eines Heilmittels sein und gleichzeitig die neuesten Behandlungsmöglichkeiten für bipolare Erkrankungen erhalten.

ERGÄNZUNGEN

Ihr Arzt schlägt Ihnen möglicherweise die Einnahme dieser natürlich vorkommenden Nahrungsergänzungsmittel vor, um die Symptome Ihrer bipolaren Störung zu lindern.

OMEGA-3

Mehrere Studien zeigen, dass der Fischölextrakt Omega-3 Ihnen helfen kann, die Niedergeschlagenheitssymptome einer bipolaren Erkrankung zu lindern. Es ist jedoch wichtig zu betonen, dass die Forschung in diesem Bereich äußerst begrenzt ist. Obwohl ein erhöhter Verzehr von Omega-3 dazu beitragen kann, Ihre depressiven Symptome zu lindern, besteht die Gefahr, dass dadurch eine Manie hervorgerufen wird.

Wenn Ihr Arzt der Meinung ist, dass Omega-3 eine sichere Ergänzung für Sie ist, ist es besser, es in seiner natürlichen Form durch den Verzehr von Nüssen,

Kaltwasserfisch und Pflanzenölen aufzunehmen.

RHODIOLA

In einer Studie aus dem Jahr 2015 wurde Rhodiola mit Sertralin (einem beliebten Antidepressivum) bei der Behandlung von Menschen mit Depressionen verglichen. Die Forscher stellten fest, dass das Kraut Depressionen nicht so erfolgreich heilte wie Sertralin, aber typischerweise weniger negative Auswirkungen hatte.

Rhodiola wurde bei Patienten mit bipolarer Erkrankung nicht ausreichend getestet und es besteht wie bei anderen Antidepressiva die Gefahr, dass es Manie hervorruft. Die Einnahme sollte nur unter ärztlicher Aufsicht erfolgen.

Dasselbe

Untersuchungen zeigen, dass S-Adenosyl-L-Methionin (SAMe) – eine weitere natürlich vorkommende Chemikalie

– dazu beitragen kann, die Symptome einer Depression zu lindern. Auch hier müssen Sie die Zustimmung Ihres Arztes einholen, bevor Sie SAMe anwenden, da dies zu Manie führen kann.

MAGNESIUM

Eine Studie aus dem Jahr 2018 ergab, dass Magnesiummangel eine Rolle bei schlechter Stimmung spielen könnte. Bis zu 75 % der Menschen in den USA nehmen mit der Nahrung nicht genügend Magnesium zu sich, daher kann Ihr Arzt Ihren Magnesiumspiegel überprüfen oder Ihnen Magnesiumpräparate verschreiben.

VITAMINE C

Eine Studie hat gezeigt, dass der Verzehr von Vitamin C dazu beitragen kann, die Symptome während manischer und depressiver Episoden zu lindern.

LIFESTYLE-STRATEGIEN

Viele nichtmedizinische Lebensstilmaßnahmen können in Ihrem täglichen Leben umgesetzt werden, um die Symptome Ihrer bipolaren Störung in den Griff zu bekommen und Ihre geistige und körperliche Gesundheit zu verbessern.

SCHLAFEN

Ausreichend hochwertiger Schlaf kann Ihnen dabei helfen, Ihre Stimmung zu kontrollieren, Ihre Emotionen zu regulieren und die Gehirnfunktion zu verbessern. Zu wenig Schlaf kann zu einem neuen Anfall von Depressionen oder Manie führen.

Zu den Vorschlägen für einen guten Schlaf gehören:

- Zu regelmäßigen Zeiten ins Bett gehen und aufstehen
- Sorgen Sie dafür, dass der Raum, in dem Sie schlafen, angenehm und dunkel ist

- Vermeiden oder Reduzieren des Alkoholkonsums
- Ohne ein ausgiebiges Mittagessen vor dem Schlafengehen
- Bildschirmzeit vermeiden oder minimieren

DIÄT

Eine gesunde und ausgewogene Ernährung ist eine empfohlene Lebensweise für Menschen mit bipolarer Erkrankung.

Eine Studie aus dem Jahr 2011 ergab, dass 68 % der Menschen, die sich wegen einer bipolaren Erkrankung behandeln lassen, übergewichtig oder fettleibig sind. Personen mit einer bipolaren Erkrankung haben auch ein erhöhtes Risiko, an weiteren Erkrankungen zu erkranken, darunter unzureichende Knochendichte, Diabetes und Herz-Kreislauf-Erkrankungen. Eine nährstoffreiche Ernährung kann dazu beitragen, das Risiko bestimmter Krankheiten zu minimieren.

Zu den Vorschlägen für eine gesunde Ernährung gehören:

- Regelmäßige Essenszeiten einhalten
- Stellen Sie sicher, dass Ihre Ernährung ausgewogen ist und eine Reihe von Nährstoffen enthält
- Vorbereiten und Batch-Zubereiten von Mahlzeiten

ÜBUNG

Wenn Sie sich durch regelmäßige Bewegung um Ihre körperliche Gesundheit kümmern, können Sie die Symptome Ihrer bipolaren Erkrankung erträglicher machen. Beispielsweise ergab eine Forschungsübersicht aus dem Jahr 2015, dass körperliche Betätigung die Symptome deutlich lindern kann, wenn sich jemand in einer deprimierten Episode befindet.

Aktiv zu bleiben ist besonders wichtig, wenn Sie an einer bipolaren Erkrankung leiden, da Untersuchungen zeigen[12], dass

Menschen anfälliger für gesundheitliche Probleme wie Fettleibigkeit, Diabetes und Herzerkrankungen sind.

Darüber hinaus führen Medikamente gegen bipolare Störungen, darunter Antidepressiva, Antipsychotika und Stimmungsstabilisatoren, bei manchen Menschen zu einer Gewichtszunahme, sodass körperliche Betätigung dazu beitragen kann, gesund zu bleiben und diese Auswirkungen auszugleichen.

BERUHIGENDE METHODEN

Sie könnten entdecken, dass ein beruhigender Ansatz, wie tiefes Atmen, dazu beiträgt, die Symptome Ihrer bipolaren Erkrankung zu lindern, sei es in einer Episode mit schlechter oder hoher Stimmung.

Wenn Sie sich dazu in der Lage fühlen, probieren Sie einige der folgenden Ansätze aus:

- Yoga
- Massagebehandlung
- Meditation
- Tiefes Atmen

Diese Maßnahmen können Ihnen helfen, mit Stress umzugehen (der zu Phasen bipolarer Depression und Manie führen kann) und Ihr geistiges Wohlbefinden zu verbessern. Obwohl Sie diese Ansätze selbst ausprobieren können, kann die Zusammenarbeit mit einem qualifizierten Therapeuten vorteilhafter sein.

PSYCHOTHERAPIE

Psychotherapien werden häufig in Kombination mit Medikamenten zur Behandlung einer bipolaren Störung eingesetzt. Zu den erfolgreichen Psychotherapien gehören:

Kognitive Verhaltensbehandlung (CBT)

CBT kann Ihnen helfen, mit den Symptomen einer bipolaren Erkrankung umzugehen. Ihr Therapeut wird Ihnen helfen zu verstehen, was eine Episode von Depression oder Manie auslöst, und es Ihnen so leichter machen, Auslöser zu vermeiden.

CBT kann Ihnen auch dabei helfen, sich Ihrer negativen Gedanken und Handlungen bewusster zu werden und Bewältigungsstrategien zu entwickeln, die es Ihnen erleichtern, herausfordernde Umstände zu meistern.

ZWISCHENPERSONALE UND SOZIALE RHYTHMUSBEHANDLUNG (IPSRT)

IPSRT kann Ihre Stimmung verbessern, indem es Ihnen ermöglicht, Ihre biologischen und sozialen Rhythmen zu verstehen.

IPSRT zeigt Ihnen nicht nur, wie Sie einen gesunden Tagesablauf aufbauen, sondern hilft Ihnen auch herauszufinden, wie sich eine bipolare Erkrankung auf Ihr tägliches Leben, Ihre Beziehungen und Ihre sozialen Interaktionen auswirkt. Dies ermöglicht es Ihnen, Ihre gesunde Gewohnheit langfristig beizubehalten und Unterbrechungen in Ihrem Leben zu vermeiden.

HELLE LICHTBEHANDLUNG UND DUNKELTHERAPIE

Helle Lichttherapie und Dunkeltherapie sind Therapien, die Ihren zirkadianen Rhythmus (Ihre innere Uhr) direkt verändern. Alle Tiere und Menschen verfügen über eine natürliche biologische Uhr, die Verhalten, Stimmung und körperliche Prozesse reguliert, aber eine bipolare Erkrankung unterbricht diese.

Eine Überprüfung aus dem Jahr 2019 zeigt, dass die Behandlung mit hellem Licht bei der Behandlung einer bipolaren Depression von Vorteil ist. Es gilt als besonders hilfreich, wenn Sie Probleme mit der

Medikamentenverträglichkeit haben. Dennoch besteht die Gefahr einer Manie und sollte daher nur unter ärztlicher Aufsicht eingenommen werden. Während einer Behandlung mit hellem Licht sitzen Sie in der Nähe eines Geräts, das helles weißes Licht erzeugt, das natürliches Licht nachahmt und so Ihren Tagesrhythmus beeinflusst.

Die Dunkeltherapie umfasst die Verwendung einer bernsteinfarbenen Brille zum Filtern von blauem Licht und ist eine Behandlung für bipolare Manie. Wenn Sie sich deprimiert fühlen, sollten Sie auf eine dunkle Behandlung verzichten.

DAS LOWDOWN
Bipolare Erkrankungen lassen sich normalerweise am besten mit Medikamenten kontrollieren. Bestimmte alternative Behandlungen können jedoch erfolgreich dazu beitragen, die Symptome von Traurigkeit und Manie zu lindern.

Mehrere begrenzte Untersuchungen zeigen, dass Nahrungsergänzungsmittel ein wirksames natürliches Heilmittel für bipolare Erkrankungen sind, während grundlegende Anpassungen des Lebensstils, einschließlich ausreichend Schlaf, richtige Ernährung und Bewegung, allgemein als Linderung der Symptome angesehen werden.

Formen der Psychotherapie, einschließlich CBT und IPSRT, sind hilfreich, um Menschen mit bipolaren Erkrankungen bei der Bewältigung des Alltags zu helfen. Sie können Rückfälle von Depressionen und Manie verhindern. Helle Lichttherapie und Dunkeltherapie sind Therapien, die bipolare Anfälle behandeln können. Eine medizinische Versorgung ist jedoch erforderlich.

Denken Sie daran, niemals eine natürliche Heilmethode anzuwenden oder eine

Therapie ohne die Anweisung Ihres Arztes
zu beginnen, da einige alternative Therapien
ernsthafte Risiken bergen.

KAPITEL 6

<u>Wahl der Diät bei bipolarer Störung</u>

Bei einer bipolaren Störung kann die Aufrechterhaltung angemessener Essgewohnheiten und eines gesunden Gewichts schwieriger sein als bei Personen, die nicht unter psychischen Problemen leiden. Möglicherweise besteht ein genetischer Zusammenhang zwischen einer bipolaren Störung und übermäßigem Essen, auf das Sie keinen Einfluss haben. Ihr Arzneimittel beeinträchtigt möglicherweise Ihren Stoffwechsel und führt zu einer Gewichtszunahme.

Dennoch kann es manchmal vorkommen, dass Sie sich einfach nicht auf Ihre Essgewohnheiten und deren Auswirkungen auf Ihre körperliche Gesundheit konzentrieren können. Übergewicht kann auch psychologische Auswirkungen haben, wie z. B. eine Verringerung Ihres Selbstwertgefühls und Ihrer Fähigkeit, sich an sozialen Aktivitäten zu beteiligen. Die folgenden Methoden helfen Ihnen dabei, sich gesünder und bipolarer zu ernähren, Ihr Gewicht zu kontrollieren und Ihre allgemeine Gesundheit und Ihr Wohlbefinden zu steigern.

WÄHLEN SIE ENTZÜNDUNGSHEMMENDE LEBENSMITTEL

Diese können die Symptome lindern und Ihr Ansprechen auf die Behandlung verbessern. Eine vorläufige Studie ergab, dass Patienten mit bipolarer Störung, die eine qualitativ hochwertigere Ernährung mit reichlich entzündungshemmenden Lebensmitteln (einschließlich frischem Obst und Gemüse, Nüssen, Samen, Getreide und Meeresfrüchten) zu sich nehmen, besser auf ergänzende Behandlungen ansprechen als Patienten, die eine solche Diät zu sich nehmen hoher Zuckergehalt, ungesunde ungesättigte Fette und stark verarbeitete Lebensmittel, die Entzündungen fördern. Mehrere Studien zeigen immer mehr Hinweise darauf, dass eine schlechte Ernährung Stimmungsstörungen wie Depressionen verstärkt, während eine bessere Ernährung, die Entzündungen bekämpft, wie etwa eine mediterrane Ernährung, die Prävalenz von Depressionen verringert.

ESSEN SIE JEDEN TAG MINDESTENS DREI NICHT STÄRKEhaltigeS GEMÜSE UND ZWEI FRÜCHTE

Wählen Sie dann einige der nährstoffreichsten aus: dunkelgrünes Blattgemüse wie Grünkohl, Spinat und Kohl sowie anderes farbenprächtiges, nicht stärkehaltiges Gemüse wie Karotten und Paprika, gepaart mit Zitrusfrüchten und Beeren.

Eine bipolare Störung wird mit verringerten Blutspiegeln mehrerer antioxidativer Vitamine (A, E, C) und wichtiger Mineralien (Kalium, Selen, Kalzium) in diesen Obst- und Gemüsesorten in Verbindung gebracht.

Während alle Obst- und Gemüsesorten die notwendigen Nährstoffe liefern und daher hervorragend für Sie sind, bieten die farbenprächtigsten Obst- und Gemüsesorten oft die meisten Nährstoffe.
Sie sind nicht nur reich an Vitaminen und Mineralstoffen, sondern liefern auch Phytochemikalien oder Phytonährstoffe, krankheitsbekämpfende Elemente, die nur in pflanzlichen Lebensmitteln vorkommen. Halten Sie ausreichend verzehrfertige frische und gefrorene Produkte bereit, damit Sie leicht auf Mahlzeiten und Snacks zugreifen können, anstatt auf verarbeitete Fertiggerichte.

Die Darmgesundheit ist wichtig, also achten Sie darauf

Die Gesundheit und Funktion Ihres Gehirns scheint teilweise von der Gesundheit Ihres Magen-Darm-Trakts beeinflusst zu werden. Die Gesundheit Ihres Magen-Darm-Trakts wiederum wird zu einem wesentlichen Teil durch das Gleichgewicht verschiedener, gesunder Mikroorganismen oder Bakterien bestimmt, die normalerweise in Ihrem Darm leben und zusammenfassend als Darmmikrobiom bezeichnet werden.

Frühe Untersuchungen haben gezeigt, dass die Populationen von Mikroorganismen bei Patienten mit bipolarer Störung weniger vielfältig sind. Diese Bakterien tragen zur Gehirnfunktion und Stimmungsregulation bei. Wenn das Gleichgewicht gestört ist (z. B. aufgrund von Entzündungen, Stress oder schlechter Ernährung), können depressive Symptome die Folge sein. Die Gesundheit Ihres Mikrobioms kann auch Ihre Reaktion auf Medikamente wie Lithium und Antipsychotika beeinflussen.

Stellen Sie sicher, dass Ihre Ernährung genügend Ballaststoffe enthält (nicht so einfach, wie es scheint)

Eine ballaststoffreiche Ernährung aus Obst, Gemüse, Vollkornprodukten und Hülsenfrüchten erhält die nützlichen Mikroorganismen oder „guten Bakterien" in Ihrem Darm, sodass in Zeiten von Stress keine schädlichen Bakterien Ihr Darmsystem übernehmen. Ballaststoffe tragen auch dazu bei, dass Sie satt werden, sodass Sie nicht zu viel essen, da sie dazu beitragen, dass Sie sich nach dem Verzehr einer normalen Nahrungsmenge gesättigter fühlen.

Ihr Ziel sollte es sein, 25 bis 35 g Ballaststoffe pro Tag zu sich zu nehmen. (Zum Vergleich: Acht Bananen ergeben 25 Gramm Ballaststoffe.) Wenn Sie die Ballaststoffmenge in Ihrer Ernährung abrupt erhöhen, tun Sie dies schrittweise, um Blähungen und

Verdauungsbeschwerden zu vermeiden. Wenn Sie mehr Ballaststoffe zu sich nehmen, trinken Sie gleichzeitig mehr Wasser, um den Transport durch Ihren Körper zu unterstützen und negative Auswirkungen zu verringern.

TRINKEN SIE DEN GANZEN TAG WASSER ODER ANDERE KALORIENFREIE GETRÄNKE

Vergessen Sie nicht, dass die flüssigen Kalorien aus Erfrischungsgetränken, Limonaden, gesüßtem Kaffee, Teegetränken und alkoholischen Getränken allesamt wichtig sind, wenn es darum geht, Ihr Gewicht zu halten. Wählen Sie stattdessen ungesüßtes und kalorienfreies Leitungswasser, Mineralwasser, Selters oder Limonade sowie Kräutertees.

Sie können diese Getränke mit kalorienarmen Zutaten wie einem Spritzer frischer Zitrone oder Limette, einem Spritzer Fruchtsaft ohne Zuckerzusatz oder einem Aufguss aus gehackten frischen Früchten, Beeren, Ingwerwurzeln, Gurkenscheiben oder frischen Zutaten interessanter machen Minzblätter. Eine ausreichende Flüssigkeitszufuhr trägt dazu bei, ein gesundes Gleichgewicht von Flüssigkeiten und Elektrolyten (Mineralien) in Ihrem Körper sicherzustellen, das bei Personen mit bipolarer Störung während manischer Phasen gestört sein kann.

Packen Sie Ihre Speisekammer ein

Erstellen Sie eine Liste mit bestimmten nahrhaften Lebensmitteln und Flüssigkeiten, die Sie jederzeit in Ihrem Kühlschrank, Gefrierschrank und Ihren Schränken aufbewahren möchten. Dazu können fermentierte Lebensmittel gehören, die dazu beitragen, Ihr Mikrobiom mit guten Bakterien ins Gleichgewicht zu bringen, wie Joghurt, Kefir, Kimchi, frische Gurken und Sauerkraut, Kombucha, roher (gereifter und nicht pasteurisierter) Käse und Apfelessig. Ebenso eine Auswahl an ballaststoffreichen Hülsenfrüchten wie schwarze Bohnen, Kichererbsen, Erbsensuppe, Linsen sowie Vollkornnudeln und -brot. Halten Sie frisches und gefrorenes Obst und Gemüse für gesunde Snacks, Beilagen und Smoothies bereit.

Üben Sie eine achtsame Portionskontrolle

Tatsächlich können Sie fast alles essen, was Sie wollen, solange Ihre Ernährung das richtige Gleichgewicht wichtiger Nährstoffe liefert. Kurz gesagt bedeutet das, dass Sie die Hälfte Ihres Tellers mit nicht stärkehaltigem Gemüse oder einem gemischten Gemüsesalat füllen; ein Viertel Ihres Tellers mit einem Protein wie Fisch, Hühnchen oder Tofu; und das andere Viertel mit Vollkornnahrung oder stärkehaltigem Gemüse wie Süßkartoffeln, Mais, grünen Erbsen oder Winterkürbis wie Eichel oder Butternuss. Essen Sie langsam, um sich Zeit zu geben, Ihr Essen zu verdauen, sich satt zu fühlen und vielleicht zu vermeiden, noch mehr zu sich zu nehmen. Hören Sie auf zu essen, wenn Sie anfangen, sich satt zu fühlen. Es macht definitiv einen Unterschied. Testen Sie es und überzeugen Sie sich selbst.

Bleiben Sie bei den Grundlagen

Während es offensichtlich ist, dass eine gesunde Ernährung zu einem gesunden Körper und einem gesunden Geist beiträgt, gibt es in der neuen Wissenschaft der „Ernährungspsychiatrie" noch viel zu lernen, um genau zu bestimmen, welche Nahrungsmittel und Nährstoffe die tiefgreifendsten Auswirkungen auf Ihre geistige Gesundheit haben.

Es ist bekannt, dass Menschen mit Depressionen, insbesondere Menschen mit bipolarer Störung, ein um bis zu 50 % höheres Risiko haben, dick zu werden als Menschen, die nicht an dieser Störung leiden. Deshalb ist es wichtig, sich auf die Grundlagen einer gesunden, vollwertigen

Ernährung zu konzentrieren und sich von modischen Diäten und unbewiesenen Nahrungsergänzungsmitteln fernzuhalten. Besprechen Sie Änderungen Ihrer Ernährung oder der Einnahme von Nahrungsergänzungsmitteln immer mit Ihrem Arzt.

ÜBERPRÜFEN SIE IHRE EMOTIONEN

Essen Sie manchmal, wenn Sie aufgeregt, traurig, wütend sind oder eine andere extreme Emotion verspüren? Wenn es nicht die typische Mittagszeit oder der richtige Zeitpunkt für einen Snack ist, sind Sie wahrscheinlich nicht wirklich hungrig. Ihr „emotionaler Appetit" übernimmt die Kontrolle, nur weil sich Ihre Stimmung geändert hat.

Wenn Ihr emotionaler Appetit zunimmt, ist es wahrscheinlicher, dass Sie bestimmte Dinge essen, von denen Sie glauben, dass sie Erleichterung oder Ruhe verschaffen. Dabei handelt es sich häufig um Junkfood oder Lebensmittel, die viel Zucker und/oder Fett enthalten. Denken Sie über einige Aktivitäten nach, die Ihnen Spaß machen und bei denen es nicht um Essen geht, behalten Sie sie im Hinterkopf und handeln Sie entsprechend, wann immer Sie merken, dass Sie in emotionales Überessen verwickelt sind. Für die meisten Menschen, die emotional übermäßig essen, ist es besser, keine Junkfoods im Haus oder am Arbeitsplatz aufzubewahren.

Bipolar ist eine dieser Störungen, bei denen die Menschen glauben, sie wüssten, was es ist, aber es gibt viele Missverständnisse. Ein Teil der schlechten Informationen ergibt sich aus der Art und Weise, wie sie in den Medien dargestellt werden. Hinzu kommt, dass es in regelmäßigen Gesprächen als Adjektiv verwendet wird: „Ich bin so bipolar." Um die Fakten hinter der bipolaren Störung zu erklären, haben wir viele Memes zusammengestellt, die bestimmte Merkmale der Störung darstellen. Unser Ziel ist es, falsche Informationen zu widerlegen und den Dialog rund um Bipolar voranzutreiben, und nicht, diese Überzeugungen zu verbreiten. Es wird noch viel über die genauen Biomarker für bipolare Störungen und den Zusammenhang zwischen bipolarer Störung und Kreativität geforscht.